ROMAN HERZOG | INSTITUT

Der Einfluss christlicher Gebote
auf Wirtschaft und Gesellschaft

ÖKONOMIK UND THEOLOGIE

Karl Homann / Dominik H. Enste / Oliver Koppel

Inhalt

Vorwort

Nicht erst seit der Finanz- und Wirtschaftskrise wird die Frage nach der Vereinbarkeit von Ökonomie und Ethik gestellt. Ein Thema, bei dem sich auch die Kirchen zu Wort melden. Immer häufiger stellen Kirchenvertreter die Marktwirtschaft als solche infrage, allerdings ohne deswegen den Sozialismus gleich als Alternative zu betrachten. Auffällig ist, dass sie selbst dann, wenn sie welthistorische Leistungen der Sozialen Marktwirtschaft beispielsweise bei der Etablierung von Freiheit, Menschenrechten und Wohlstand für breite Bevölkerungsschichten anerkennen müssen, die Marktwirtschaft weiterhin moralisch ablehnen. Gerade vonseiten bestimmter christlicher Theologen wird die sittliche Qualität der Marktwirtschaft kritisch hinterfragt.

Es gibt sicher viele Gründe, warum es der Marktwirtschaft unter kirchlichen Würdenträgern und den Mitgliedern der Gemeinden an Akzeptanz mangelt. Die Entwicklungen in der globalen Wirtschaft stehen offenbar im Gegensatz zu den moralischen Empfindungen und Sehnsüchten vieler Menschen. Für Verunsicherung sorgen Trends wie zum Beispiel der verschärfte Wettbewerb infolge der Globalisierung, der beschleunigte Strukturwandel durch Innovationen und die demografische Entwicklung, welche die Zukunft der Arbeit unsicherer erscheinen lassen denn je.

Diese Themen und die entsprechenden Fakten hat das Roman Herzog Institut (RHI) bereits in früheren Publikationen betrachtet, und zwar jeweils aus unterschiedlichen Blickwinkeln. Auch die „Ethik der Sozialen Marktwirtschaft" hat das RHI immer wieder thematisiert. Die vorliegende Publikation nimmt nun speziell die Kritik der Kirchen an unserem Wirtschaftssystem unter die Lupe. Wie sich darin zeigen wird, stehen Theologie und Ökonomik keineswegs in einem fundamentalen Widerspruch, wie es manche Predigten von den Kanzeln oder Medienauftritte von Pfarrern, Bischöfen oder Ordensleuten vermuten lassen. Vielmehr kann uns gerade die Verknüpfung theologischer und marktwirtschaftlicher Verhaltensnormen auf zukunftsweisende Wege aus der Krise führen, die jenseits der aktuellen Rettungspläne einzuschlagen sind. So liefert die Publikation viele Orientierungspunkte, wie moralische Ideale unter den Bedingungen moderner Gesellschaften gelebt werden können.

Damit der Moralbegriff im ökonomischen Rahmen seine fruchtbare Wirkung entfalten kann, muss er allerdings zwischen der handlungsleitenden Motivation und der Forderung nach Tugendhaftigkeit unterscheiden. Denn wie bereits Adam Smith verbildlicht hat: „Nicht vom Wohlwollen des Metzgers, Brauers oder Bäckers erwarten wir unsere Mahlzeit, sondern von deren Bedachtnahme auf ihr eigenes Interesse." Die zentrale Erkenntnis lautet dann, dass wir im Alltag unserer Zeit nur in und mit der Funktionslogik der Marktwirtschaft moralisch handeln können, nicht aber gegen sie.

Diese Einsicht verlangt nach der Entwicklung moderner Strukturen und Institutionen für eine globalisierte Wirtschaftswelt – auch vonseiten der Kirchen. Das Grundproblem ist, dass die christliche Religion tugendethische Lösungen für Gesellschaften mit überschaubaren kleinen Gruppen (sodass die soziale Kontrolle im Alltag informell ausgeübt wurde) und ohne gesamtwirtschaftliches Wachstum (sodass die Gewinne des einen auf Kosten des anderen gingen) entwickelt hat und dass diese Bedingungen in modernen Gesellschaften nicht mehr gegeben sind. Denn hier dominieren anonyme Transaktionen auf den Märkten, nicht der Austausch in der unmittelbaren Nachbarschaft. Soziale Kontrolle und Moralkapital können daher nicht mehr einfach durch zwischenmenschliche Kontakte geschaffen werden, sondern bedürfen der Verankerung von Ethik in übergeordneten Regeln. Innerhalb dieses – globalen – Ordnungsrahmens kann dann die Marktwirtschaft ihre Ressourcen schonende beziehungsweise besser nutzende, den Wohlstand aller fördernde Wirkung entfalten.

Für eine solche konstruktive Lösung ist es erforderlich, dass die Sprachlosigkeit zwischen Ökonomen und Theologen ein Ende findet. Dazu leistet diese Publikation einen Beitrag. Das Roman Herzog Institut kommt damit seinem Auftrag nach, interdisziplinäre Zusammenarbeit und das Querdenken über verschiedene Fachrichtungen hinweg zu fördern und gleichzeitig Wege zur Gestaltung der Zukunft der Arbeit in einer von vielen akzeptierten Wirtschafts- und Gesellschaftsordnung aufzuzeigen. Das Institut begleitet die Arbeit der bayerischen Arbeitgeberverbände und erarbeitet im interdisziplinären Diskurs mit führenden Persönlichkeiten neue Antworten auf die wesentlichen Fragen unserer Zeit.

Randolf Rodenstock
Vorstandsvorsitzender des Roman Herzog Instituts e. V.

KAPITEL 1

Einleitung

Die Wirtschaft in Deutschland befindet sich in einer tiefen Akzeptanzkrise – auch unter vielen Religionsmitgliedern. Angesichts der Kontroversen zwischen Kirchen und Wirtschaft, die im Zuge der Finanz- und Wirtschaftskrise deutlich werden, ist es wünschenswert, dass Ökonomen und Theologen in einen engeren Austausch treten.

1.1 Akzeptanzkrise der Marktwirtschaft

Mehr als die Hälfte der Bevölkerung in Deutschland traut der Sozialen Marktwirtschaft nicht mehr zu, die künftigen, aus der Globalisierung erwachsenden Probleme zu lösen. Die aktuelle Finanzkrise und das Fehlverhalten einzelner Führungskräfte aus der Wirtschaft bestärken die Menschen in ihrer Meinung.

Die Folge ist, dass die Politik nach links rückt und dass wir in eine neue Systemdiskussion eingetreten sind. Daran beteiligen sich auch die christlichen Kirchen: Der Katholikentag in Osnabrück im Mai 2008 bestätigte dies ebenso wie die Synode der Evangelischen Kirche in Deutschland (EKD) in Bremen im November 2008, auf der der Ratsvorsitzende Bischof Huber die Denkschrift der EKD über „Unternehmerisches Handeln in evangelischer Perspektive" (EKD, 2008) gegen die massive Kritik, sie rede dem Neoliberalismus das Wort, verteidigen musste.

Die gegenwärtige Systemdiskussion ist ernster als die letzte große Systemdiskussion in den Jahren nach 1968: Während jene auf bestimmte intellektuelle Kreise beschränkt blieb, sind in der aktuellen Debatte breite Kreise der Bevölkerung dabei, der Sozialen Marktwirtschaft das Vertrauen und die Unterstützung zu entziehen. Das überträgt sich auch auf die Einschätzung der Vergangenheit: Die Zahl derjenigen, die dem Wirtschaftssystem gegenüber skeptisch eingestellt sind, hat sich seit 1994 verdoppelt. Im Jahr 2008 waren 42 Prozent der Ansicht, die Soziale Marktwirtschaft habe sich nicht bewährt (Abbildung 1).

Es gibt sicher viele Gründe für diese zunehmende Skepsis, vor allem den verschärften Wettbewerb mit der Folge eines beschleunigten Strukturwandels und die demografische Entwicklung. Oft übersehen wird ein anderer, tiefer liegender Grund, der uns hier beschäftigen soll: Die Erscheinungsweise und die Folgen der globalen Wirtschaft scheinen den moralischen Intuitionen vieler Menschen von Solidarität und Gerechtigkeit diametral zu widersprechen. In der globalen Marktwirtschaft zählen nach ihrer Meinung nur noch Egoismus, rücksichtsloses Shareholder-Value-Streben der Unternehmen und die Gier der Manager, besonders der Banker. Die Menschen leben zwar in und von der

Hat sich unsere Wirtschaftsordnung, die Soziale Marktwirtschaft, bewährt?

Angaben in Prozent

Abbildung 1

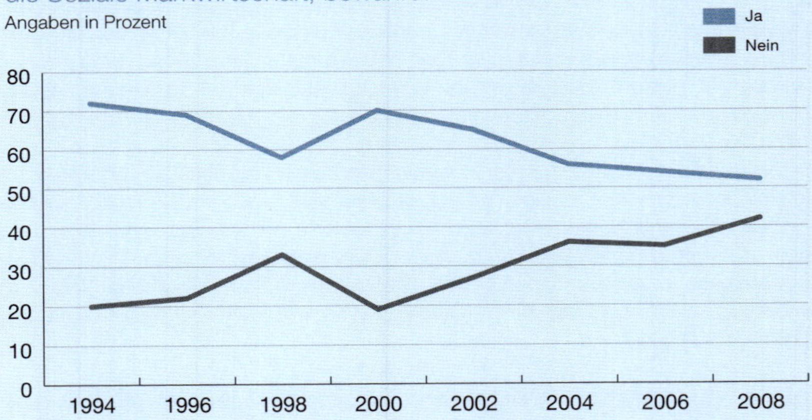

Quelle: Bankenverband, 2008

Marktwirtschaft. Da sie aber den moralischen Sinn von Markt, Wettbewerb und Gewinnstreben nicht einsehen und nicht einsehen können, gehen sie auf Distanz. Nicht wenige leisten sogar Widerstand, und zwar besten Wissens und Gewissens.

1.2 Marktwirtschaft und Moral

Die Menschen haben moralische Probleme mit der Marktwirtschaft. Moralische Fragen können nicht mit Hinweisen auf die gute ökonomische Performance der Wirtschaft – zum Beispiel in Form des Rückgangs der Arbeitslosenzahl auf rund drei Millionen im Jahr 2008 – beantwortet werden. Moralische Fragen verlangen moralische Antworten – und zwar solche Antworten, die an die moralischen Intuitionen der Menschen anschließen und nicht von ihnen verlangen, ihre Ideale der Freiheit und Würde des Einzelnen und der Solidarität aller Menschen aufzugeben. Solche Antworten sind in den vergangenen Jahrzehnten nicht in überzeugender Weise entwickelt worden, sodass wir heute mitten in einer neuen Systemdiskussion stehen.

Die moralischen Intuitionen der Menschen werden vor allem im Elternhaus, im Kindergarten, in Schule, Parteien, Gewerkschaften und in öffentlichen Diskursen vermittelt – und durch die christlichen Kirchen. Die Äußerungen mancher Kirchenvertreter zur aktuellen Finanzkrise zeugen nicht gerade von großer Kompetenz in ökonomischen und auch nicht, wie zu zeigen sein wird, in ethischen Fragen. Dabei argumentieren die christlichen Kirchen auf wissenschaftlich reflektierten Grundlagen. Daher ist zu vermuten, dass der Konflikt zwischen Kirchen und Wirtschaft seinen wichtigsten Grund wohl in den Defiziten der wissenschaftlichen Theologie hat. Diese These soll nicht die – zum Teil herausragenden – Leistungen der Theologie in anderen Bereichen schmälern. Aber was den Umgang der Theologie mit der Wirtschaft und ihrer Reflexionsform, der Ökonomik, angeht, ist der Nachholbedarf erheblich.

Allerdings sind die Schwierigkeiten im Gespräch zwischen Theologie und Ökonomik nicht nur aufseiten der Theologie festzustellen, sondern gleichermaßen auch aufseiten der Ökonomik, welche die Sensibilität für die Probleme der Theologie verloren hat und auch ihrerseits in Bezug auf die Theologie kaum gesprächsfähig ist. Dies ist umso bedauerlicher, als gerade die Ökonomik der letzten 50 Jahre eine hohe Anschlussfähigkeit an die Fragen und Probleme der Theologie aufweist, ihren Vertretern also Antworten zu bieten hat.

Das Ziel der vorliegenden Schrift soll daher sein, in dieser wissenschaftlich günstigen Situation das Gespräch zwischen Ökonomik und Theologie aufzunehmen. Es soll eine belastbare theoretische Grundlage entwickelt werden, die den Menschen hilft, ihre moralischen Orientierungsprobleme in der globalen Marktwirtschaft erfolgreich angehen zu können. „Erfolgreich" heißt dabei, dass die Menschen in der modernen Wirtschaft nicht länger einen Gegensatz zu ihren moralischen Idealen sehen sollten, sondern vielmehr deren Erfüllung – auch wenn zu betonen ist, dass die Wirtschaft wie auch die Kirche als „semper reformandae" zu gelten haben, also permanent reformbedürftig sind. Der hier praktizierte Dialog zwischen Ökonomik und Theologie konzentriert sich auf Fragen der Ethik und des rechten Handelns und klammert Fragen zum Beispiel der Metaphysik weitestgehend aus.

1.3 Fortgang der Analyse

Nach einigen methodischen Vorbemerkungen (Kapitel 2) werden die Herausforderungen für die Ethik beschrieben, die sich aus der modernen marktwirtschaftlichen Wirtschaftsordnung und ihren Wettbewerbssituationen ergeben (Kapitel 3). Danach folgt die Analyse von Interaktionen in einer Wettbewerbsordnung und von Problemstrukturen, die sich aufgrund des Gefangenendilemmas – der grundlegenden Struktur von Interaktionen – ergeben können (Kapitel 4). Anhand von sieben Beispielen aus verschiedenen gesellschaftlichen und wirtschaftlichen Bereichen wird aufgezeigt, in welcher Weise individuell rationales Verhalten durch nicht intendierte Folgen absichtsvollen Handelns zu kollektiver Irrationalität führen kann, weil handlungsleitende Institutionen fehlen. Dies mündet in eine Synthese der systematischen Bedeutung von Dilemmastrukturen und eine kritische Reflexion der Ergebnisse mit Blick auf die Realität und auf die Grenzen der Ökonomik. Mit der Erläuterung, dass das Plädoyer für einen ordnungsethischen Erklärungsansatz nicht gleichbedeutend ist mit dem Ende der Individualethik, schließt der theoretische Teil ab (Kapitel 5).

Im praktischen Teil geht es zunächst um die Bedeutung, die christliche Gebote für die Überwindung von Gefangenendilemma-Strukturen haben (Kapitel 6). Dabei werden exemplarisch der Einfluss von drei Geboten auf wirtschaftliches Verhalten analysiert und die Implikationen teilweise auch formal-analytisch dargestellt. Dabei wird deutlich, dass religiöses Denken und wirtschaftliches Handeln nicht zwangsläufig im Widerspruch stehen müssen – im Gegenteil. Christliche Gebote können als Institutionen verstanden werden, die gesellschaftlich und individuell unerwünschte, weil inferiore Ergebnisse vermeiden helfen – sei es über formelle ordnungsethische oder informelle individualethische Wirkungskanäle. Empirische Analysen und deren wirtschaftspolitische Implikationen veranschaulichen beispielhaft, dass der hier geführte und angeregte Diskurs keine „l'art pour l'art" ist, sondern neue Lösungsansätze in festgefahrene ideologische Debatten einbringen kann (Kapitel 7). Eine abschließende Würdigung der Ergebnisse mit Blick auf die sich daraus ergebenden Aufgaben für Theologen und Ökonomen runden die Überlegungen ab (Kapitel 8).

KAPITEL 2

Methodische Vorbemerkungen

In wissenschaftlichen Diskursen sind Methodenfragen zwar immer wichtig, von grundlegender Bedeutung sind sie jedoch im interdisziplinären Diskurs. Daher beginnen wir mit methodischen Vorbemerkungen, und zwar zum Verhältnis von Theologie und Ökonomik allgemein (Abschnitt 2.1), zur Theoriegestalt von Ethik (Abschnitt 2.2) und schließlich zum Entwicklungsstand der modernen Ökonomik (Abschnitt 2.3).

2.1 Theologie und Ökonomik

Die Theologie hat es – wie auch die Philosophie – traditionell mit dem Gesamt des Seienden zu tun. Die Ökonomik ist demgegenüber eine Einzelwissenschaft.

Einzelwissenschaften sind durch eine hochselektive Fragestellung an die Wirklichkeit konstituiert, von der ihre gesamte Theoriebildung inklusive Begrifflichkeit und Methodik bestimmt ist. Einzelwissenschaften abstrahieren von sehr vielen Zügen dieser Wirklichkeit – in dieser Abstraktion gründet ihre Leistungsfähigkeit. Abstrahieren heißt nicht: leugnen. Andere Fragen an die Wirklichkeit – mit der Folge anderer Theoriekonstruktionen – sind zulässig und sinnvoll, auch Fragen natürlich, die Theologie und Philosophie stellen, also Fragen nach dem Gesamt des Seienden.

Wissenschaftliche Theologie und Einzelwissenschaften stehen also methodisch nicht auf derselben Stufe. Damit wird das Verhältnis kompliziert: Weil die jeweiligen Überlegungen und Ergebnisse dieser Wissenschaften als Antworten auf unterschiedliche Fragen zu verstehen sind, können sie weder einfach aufaddiert werden noch unmittelbar in Widerspruch zueinander geraten. Wenn die theologische Schöpfungslehre beziehungsweise Anthropologie vom „Menschen" redet, hat das rein methodisch mit dem Homo oeconomicus der Ökonomik zunächst einmal nichts zu tun.

Dabei ist es grundsätzlich so, dass die Theologie innerhalb der hochselektiven Fragestellungen den Einzelwissenschaften hoffnungslos unterlegen ist. Das hat die katholische Kirche im Prozess gegen Galileo Galilei schmerzlich erfahren müssen. Diesen Fall hat sie nach 350 Jahren zwar bereinigt, aber wenn es um Charles Darwin wieder neue Diskussionen gibt und manche Theologen den Ökonomen ein „verkürztes Menschenbild" und „Reduktionismus" vorwerfen, dann scheint es, dass Kirche und Theologie die methodischen Konsequenzen aus dem Fall Galilei bis heute nicht gezogen haben. So wenig man mit der Bibel gegen Galileis Physik antreten kann, so wenig kann man mit dem christlichen Menschenbild gegen den Homo oeconomicus antreten – eben weil Letzterer kein Menschenbild ist, sondern ein Theoriekonstrukt zur

Lösung einzelwissenschaftlicher, das heißt hochselektiver, ganz spezieller Probleme (siehe dazu im Folgenden die Abschnitte 4.3 und 6.2).

Das Verhältnis von Theologie und Ökonomik ist also kompliziert, weil die Ergebnisse nicht unmittelbar, das heißt nicht ohne Rückgang auf die Fragestellung, interpretiert und miteinander verglichen werden können.

Die Schöpfungstheologie – und ihre Aufgipfelung in der Inkarnationstheologie – lehren, dass Gott die Welt und die Welt des Menschen in die Eigenständigkeit gegeben beziehungsweise gesetzt hat. Methodisch bedeutet dies, dass die Theologie die Einzelwissenschaften anerkennen und ihre Ergebnisse hinnehmen muss. Natürlich können Einzelwissenschaften irren, und sie haben vielfach geirrt, aber die entsprechenden Korrekturen werden durch die Wissenschaften selbst und nicht durch die Theologie vorgenommen.

Man kann diese Entwicklung so darstellen, als ob die Theologie eine Provinz nach der anderen an die Einzelwissenschaften verloren hat und inzwischen dasteht wie ein König ohne Land. So verbreitet diese Denkfigur bei Theologen und Wissenschaftlern auch sein mag, sie ist irreführend. Trotz des Vorgangs der Ausdifferenzierung bleiben die Einzelwissenschaften an die anderen, von ihnen jeweils ausgeblendeten Fragen und Theorien gebunden – und zwar auch an Sinnfragen und Fragen des richtigen Lebens. In der Forderung nach Inter- beziehungsweise Transdisziplinarität wird diese Verbindung heute (noch) manifest. Da die Theologie aber eine Wissenschaft ganz anderer Art ist als die Einzelwissenschaften, ergeben sich hier besondere Probleme.

Aus schöpfungstheologischer Sicht hat Gott die Welt ihrer Eigenständigkeit überantwortet. Das gilt auch für die soziale Welt: Er hat den Menschen die Freiheit gegeben, ihre Welt im Rahmen der Gesetzmäßigkeiten dieser Welt selbst zu gestalten und auf diese Weise mitzuwirken an ihrer Vollendung, ohne dass diese Vollendung allerdings von den Menschen allein bewerkstelligt werden könnte. In diesem Sinne gilt es, in Kenntnis der Gesetzmäßigkeiten der Welt – hier der Wirtschaft – die Welt humaner zu machen. Wer aber die Welt an den Gesetzmäßigkeiten der Welt vorbei ändern will, verleugnet Schöpfung und Inkarnation. „Eine Moral, die dabei die Sachkenntnis der Wirtschaftsgesetze überspringen zu können meint, ist nicht Moral, sondern Moralismus, also das Gegenteil von Moral“ (Ratzinger, 1986, 58).

Es geht im Folgenden darum, auf der Basis dieser methodologischen Überlegungen nach Ansatzpunkten für ein fruchtbares Gespräch zwischen Ökonomik und Theologie Ausschau zu halten.

2.2 Ethik

In der normativen Ethik geht es um die Beurteilung und/oder Empfehlung von Handlungen entlang der Leitdifferenz gut/böse beziehungsweise moralisch richtig/moralisch falsch. Solche Urteile und Handlungsempfehlungen resultieren in allen Ethik-Konzeptionen aus zwei Klassen von Argumenten: aus normativen Idealen/Werten und aus empirischen Bedingungen. Dies lässt sich durch den sogenannten praktischen Syllogismus verdeutlichen, den wir hier in zwei Varianten wiedergeben:

Der praktische Syllogismus — Abbildung 2

(1) Normative Ideale/Werte	oder	(1) Was wollen wir?
(2) Empirische Bedingungen (z. B. Knappheit, Sachzwänge, Wettbewerb)	oder	(2) Was können wir?
(3) Urteile/Handlungsempfehlungen	oder	(3) Was sollen wir tun?

Eigene Darstellung

In seinem Jesus-Buch benutzt Papst Benedikt XVI. (vormals Joseph Kardinal Ratzinger) dieselbe Unterscheidung, wenn er erklärt, dass die Prinzipien die „grundlegenden Maßstäbe" abgeben, „die freilich in keiner Sozialordnung je als solche rein zur Verwirklichung kommen können", dass vielmehr konkrete Entscheidungen immer auch die „historischen Entwicklungen" aufnehmen müssen (Benedikt XVI., 2007, 159 f.).

Wer Handlungsempfehlungen allein aus Idealen (zum Beispiel soziale Gerechtigkeit oder Solidarität) ableitet, ist ein Moralist beziehungsweise Fundamentalist. Wer sie sich allein aus den empirischen Bedingungen (zum Beispiel Budgetrestriktionen, Verhalten anderer oder Wettbewerb) vorgeben lässt und seine Entscheidungen allein damit rechtfertigt, unterliegt der Ideologie des Sachzwangs und wird die Menschen moralisch nicht überzeugen.

Die normativen Prinzipien unserer abendländisch-christlichen Kultur, für die an dieser Stelle die Freiheit und Würde des Einzelnen und die Solidarität aller stehen, sind allerdings vor dem Hintergrund vormoderner Gesellschaften im Judentum und antiken Griechenland entwickelt worden (siehe dazu Kapitel 3 und Abschnitt 6.2). Schon allein deshalb, weil wir heute in modernen Gesellschaften mit grundlegend anderen Strukturen leben, ist damit zu rechnen, dass wir – bei Beibehaltung der Prinzipien – in den meisten konkreten Fragen zu anderen Urteilen und Handlungsempfehlungen kommen als die vormoderne Ethik und Menschen in vormodernen Zeiten.

Erzogen werden wir aber immer noch in den Bildern und Vorstellungen, die aus vormodernen Texten wie der Bibel und anderen Überlieferungen wie Legenden stammen, mit der Folge, dass wir zum Beispiel die Armut in der Welt durch Teilen nach Art des Heiligen Martin – und nicht etwa durch Investieren (vgl. Abschnitt 3.1) – überwinden wollen.

Wir werden in Kapitel 3 die These plausibilisieren, dass die Ethik, in der wir sozialisiert sind und die den öffentlichen Diskurs weitgehend bestimmt, auf die Strukturen moderner Gesellschaften nicht passt. Dabei soll unmissverständlich betont werden, dass wir bei unseren Versuchen zur Neuformulierung der Handlungsempfehlungen an den Prinzipien dieser Ethik festhalten und festhalten müssen.

2.3 Moderne Ökonomik

Die moderne Ökonomik, wie sie in den vergangenen 50 Jahren entwickelt wurde, weist – so die Eingangsthese – eine hohe Absorptionsfähigkeit für Gedanken auf, welche die Theologie tradiert und traktiert. Dabei gehen diese Theorieentwicklungen keineswegs auf ein Gespräch der Ökonomik etwa mit der Theologie oder der Philosophie zurück. Vielmehr erklären sie sich allein aus theorieimmanenten Problemen der Ökonomik. Das erhöht ihre Überzeugungskraft besonders für Ökonomen deutlich.

Zugleich aber wird dadurch auch verständlich, dass diese Absorptionsfähigkeit für die theologische Ethik den Ökonomen nicht bewusst ist, zumal die Theorien auch in einer ganz anderen, nämlich ökonomischen Fachsprache und Modellierung vorgetragen werden, die umgekehrt natürlich von Theologen nicht verstanden wird.

Um diese hier behauptete hohe Absorptionsfähigkeit ökonomischer Theorien erkennen zu können, darf man sich nicht an den Lehrbüchern in der Ökonomik orientieren, die explizit ethische Fragen bisher allenfalls partiell integriert haben. Man muss vielmehr auf die Originaltexte der Ökonomen zurückgreifen, die für diesen Fortschritt in der Theoriebildung verantwortlich zeichnen.

Um diese These zu explizieren und zu begründen, geht es zunächst darum, zwischen den Sprachen beider so unterschiedlicher Wissenschaften zu übersetzen, um so gemeinsame Grundgedanken aufzuzeigen. Dabei ist allerdings ein systematischer Unterschied immer festzuhalten: Die Theologie arbeitet auf der methodischen Grundlage einer Offenbarung, während die Ökonomik als profane Einzelwissenschaft auf eine solche Grundlage aus methodischen Gründen verzichten muss. Aber vielleicht ist der Unterschied doch nicht so groß: Da die Theologie die Offenbarung auslegen und immer neu in ihre jeweilige Zeit hineintragen muss, kann auch sie auf die Einzelwissenschaften zur Deutung dieser Zeit nicht verzichten. Ja, diese Wissenschaften mit ihren Modellen etwa zur Erklärung der Entstehung der Welt und der Arten helfen der Theologie, besser zu verstehen, was in Offenbarungsschriften gemeint ist – und was nicht gemeint ist.

Zweckmäßig erscheint dafür ein Modell, in dem die Theologie für die Ökonomik nicht die Rolle der Dogmatik spielt, sondern eher die nur scheinbar bescheidenere, in Wirklichkeit aber systematisch ungleich wichtigere Rolle einer Heuristik: einer Suchanweisung für die Gestaltung einer humaneren Welt. Deren praktische Bedeutung wird in Kapitel 6 anhand von drei Geboten aufgezeigt.

Um die behauptete Absorptionsfähigkeit der modernen Ökonomik an einigen zentralen Punkten darzustellen, wird im Folgenden von Theorieentwicklungen ausgegangen, die sich als Erweiterung der Lehrbuch-Ökonomik verstehen lassen. Sie können als Erweiterung in drei Dimensionen systematisiert werden: in der sachlichen (Abschnitt 2.3.1), in der zeitlichen (Abschnitt 2.3.2) und in der personalen Dimension (Abschnitt 2.3.3).

2.3.1 Die sachliche Erweiterung: offener Vorteilsbegriff

Um ungelöste Aporien in der ökonomischen Theorie einer Lösung näher zu bringen, hat der Nobelpreisträger Gary S. Becker den Vorteilsbegriff erweitert (Becker, 1982; 1996): Unter Vorteilen ist in der modernen Ökonomik in der Becker'schen Tradition all das zu verstehen, was die Menschen selbst als Vorteil ansehen, also Einkommen und Vermögen ebenso wie Gesundheit, Muße, Glück oder Selbstverwirklichung in der Gemeinschaft mit anderen. Ökonomik wird als allgemeine Vorteils-/Nachteils-Grammatik mit offenem Vorteilsbegriff aufgefasst. So gibt es inzwischen sehr aufschlussreiche ökonomische Theorien beispielsweise der Diskriminierung, des Heiratens, der Scheidung, des generativen Verhaltens, der Kriminalität, des Drogenkonsums und der Religion. Aufgrund dieser Neuerung in der ökonomischen Theorie werden alle zentralen Gegenstände der Ethik der ökonomischen Rekonstruktion zugänglich: Freundschaft und Liebe, Gerechtigkeit, Tugend, Glückseligkeit (Eudaimonia), Recht und Moral und anderes. Allerdings ist zu beachten, dass sich damit am hochselektiven Charakter solcher ökonomischer Rekonstruktionen nichts ändert.

Ökonomik als Einzelwissenschaft wird hier nicht mehr durch exklusive Bearbeitung eines ontologisch bestimmten Wirklichkeitsbereichs – etwa der Wirtschaft – konstituiert, sondern durch eine bestimmte Fragestellung bei prinzipiell unbegrenztem Gegenstandsbereich. Die Ökonomik wird wie jede andere Einzelwissenschaft auch hinsichtlich des Gegenstandsbereichs allumfassend („imperialistisch"), nicht jedoch hinsichtlich der Fragestellung: Kein in diesem Sinne „imperialistischer" Ökonom hat je für sich beansprucht, Fragen nach den kleinsten Bausteinen der Materie, der Struktur des menschlichen Genoms oder den Strukturen moderner Lyrik mit der ökonomischen Methode ertragreich bearbeiten zu können. Es handelt sich um einen methodologischen Imperialismus, der um die hohe Selektivität seiner Fragestellung weiß und der die Legitimität anderer, ebenso hochselektiver Fragestellungen und der gänzlich anderen Fragestellungen von Ganzheitswissenschaften wie der Theologie anerkennt. Aufgrund dieser konstruktivistischen Methodologie kann man der ökonomischen Rekonstruktion der Ethik keinen Reduktionismus vorwerfen.

Den harten Kern der ökonomischen Methode bildet der Grundsatz: Menschen handeln gemäß ihren individuellen Vorteilserwartungen, ausgedrückt im Konstrukt des Homo oeconomicus. Oder kürzer: Menschen handeln gemäß ihren Anreizen. Anreize sind handlungsbestimmende Vorteilserwartungen. Sie sind immer durch Präferenzen, Wünsche und situative Bedingungen zugleich bestimmt.

Diese Erweiterung der Ökonomik in sachlicher Hinsicht gilt als fruchtbare Weiterentwicklung der ökonomischen Theorie und ist 1992 mit dem Nobelpreis für Gary S. Becker ausgezeichnet worden. Sie liefert einen Punkt, an den Ethik heute andocken kann: Moral kann ökonomisch – und das heißt: aus individuellen Vorteils-/Nachteils-Erwägungen – erklärt werden. Wegen der Selektivität der ökonomischen Methode bedeutet das, wie weiter unten in Abschnitt 4.5 ausgeführt wird, dass die Implementationschancen normativer Ideale und Regeln unter Bedingungen der globalisierten Wirtschaft mithilfe der ökonomischen Anreizanalyse abgeschätzt werden können. Eine Moral, die systematisch nicht vorteilhaft ist, hat im Wettbewerb keine Chance. Oder umgekehrt: Bei einer Moral, die Vorteile in diesem weiten Sinn bringt, steigen die Chancen ihrer Implementierung. Damit wird dem alten Grundsatz „ultra posse nemo obligatur" – Sollen setzt Können voraus – systematisch Rechnung getragen, und zwar mithilfe der ökonomischen Methode.

2.3.2 Die zeitliche Erweiterung: Nachhaltigkeit

Der Gedanke, dass sich Ökonomik grundlegend mit den Problemen befassen muss, die sich aus der prinzipiellen Offenheit der Zukunft ergeben, erlangt in der Theoriebildung der letzten Jahrzehnte an vielen Stellen systematische Bedeutung. Wir wollen nur einige wichtige Kontexte nennen.

Infolge der drängenden Umweltprobleme hat der Begriff „Nachhaltigkeit" Karriere gemacht. Die am Modell des Spotmarktes orientierte Markttheorie wird damit hinsichtlich des Zeithorizonts erweitert. Dies ist nicht grundsätzlich neu, aber doch eine deutliche Akzentverschiebung, die letztlich zu einem anderen Paradigma führt. Die nicht mehr kurzfristige, sondern langfristige Kalkulation der Vorteile gehört seit jeher zu den zentralen Gedanken auch der Ethik: „Du sollst deinen Vater und deine Mutter ehren, auf dass du lange lebest in dem Lande, das dir der Herr, dein Gott, geben wird“ (Exodus 20:12). Was in der theologischen Ethik als Wille Gottes scheinbar von außen vorgegeben wird, lässt sich ökonomisch als Antwort auf Interaktionsprobleme in einer systematisch offenen Zukunft verstehen (siehe Kapitel 6): Bei dem an dieser Stelle zitierten vierten der Zehn Gebote geht es um nichts anderes als den Generationenvertrag in einer vormodernen Gesellschaft.

Aus der Spieltheorie kennen wir die Bedeutung iterierter Spielsituationen und die ruinösen Konsequenzen wirklicher oder angenommener Endspiele für die soziale Ordnung: Wer keine Zukunft sieht, wird zum Desperado oder Spieler. Nichts spricht dagegen, diesen Gedanken im christlichen Glauben an die Unsterblichkeit und eine postmortale Vergeltung wiederzufinden.

Der Ökonom versteht unter „Kosten“ nicht (monetäre) Ausgaben, sondern den Wert der in konkreten Entscheidungen realisierbaren, aber wegen des Vorzugs einer anderen Alternative nicht realisierten Alternativen. Er bestimmt die Kosten also in Bezug auf die bei jeder Entscheidung unter Knappheit ausgelassenen Möglichkeiten – der Fachausdruck lautet „Opportunitätskosten“. Ökonomik denkt damit systematisch von den Möglichkeiten her, sie ist also systematisch Zukunftswissenschaft – wie die Theologie (Marx, 2008, 63). Auch sie konzipiert die Schöpfung von der Idee der Vollendung der Welt am Ende der Zeiten her. Dabei kann die Theologie die Ökonomen vor dem Irrglauben bewahren, diese Vollendung aus eigener Kraft schaffen zu können, indem sie einen sogenannten „eschatologischen Vorbehalt“ geltend macht: Die Vorstellung, das Paradies auf Erden aus eigener Kraft zu schaffen, hat oft genug die Legitimation für totalitäre Systeme abgegeben.

In diesem Zusammenhang ist der Komplex der modernen Vertragstheorie zu nennen, insbesondere der Gedanke, dass praktisch alle Verträge bei genauer Betrachtung unvollständig sind. Es gibt einen weiten Bereich von Interaktionsproblemen, die durch formelle, justiziable Verträge nicht abschließend geregelt werden können. Hier wird man in der modernen Wirtschaft ebenso wenig ohne Moral auskommen wie in früheren Stadien der gesellschaftlichen Entwicklung der Industrienationen, in denen das Recht noch nicht so weit entwickelt war wie heute – von den Zuständen in vielen Entwicklungsländern ganz zu schweigen. In solchen Kontexten geht es um den „Geist“ der Verträge anstelle des „Buchstabens“, es geht um Vertrauen, Fairness, Reputation, Sozialkapital und Selbstorganisation. Hierher gehört auch die klassische Figur des „ehrbaren Kaufmanns“, und die Tugend der „Dankbarkeit“ lässt sich interpretieren als Vollzug eines impliziten Vertrags. Das ganze Pathos von Oliver E. Williamson, angesichts von Opportunismus und beschränkter Rationalität Verträge in ihrer Ganzheit zu analysieren (Williamson, 1990), lässt sich als ökonomische Rekonstruktion von Problemen verstehen, für die früher allein die Ethik zuständig war. Insbesondere all das, was wir heute ökonomisch unter relationalen Verträgen – bis hin zum Ehe- und Verfassungsvertrag – verstehen, war und ist immer noch zentraler Gegenstand der Ethik.

2.3.3 Die personale Erweiterung: Interaktionsökonomik

Die für die hier angestellten Überlegungen zum Verhältnis von Ökonomik und Theologie paradigmatisch wichtigste Erweiterung ökonomischer Theoriemodelle betrifft die personale Dimension. Die traditionelle Theorie war quasi eine monologische Handlungs- beziehungsweise Entscheidungstheorie; man bewegte sich paradigmatisch im Rahmen einer Robinson-Ökonomik.

Ökonomische Theorie arbeitet heute dagegen zunehmend in einem Interaktionsparadigma. Während das Robinson-Paradigma die anderen Akteure mehr oder weniger als „Natur" modelliert, geht die Interaktionsökonomik von vornherein davon aus, dass jeder Einzelne seine Entscheidungen in einem Feld trifft und treffen muss, in dem andere Akteure mit eigenen Interessen und Strategien, auch Konterstrategien, aktiv sind. Die anderen Akteure sind weder Natur noch – wenn sie sich nicht kalkulieren lassen – Störfaktoren. Sie sind Mitspieler. Die Aktionstheorie wird von der Interaktionstheorie abgelöst beziehungsweise zu einer solchen erweitert (Homann/Suchanek, 2005, 23 ff.).

Diese Umorientierung findet ihren Niederschlag in Theorieentwicklungen wie der Institutionen- und Konstitutionenökonomik, in der Property-Rights-Theorie, der Agency-Theorie, der Transaktionskostentheorie und vor allem in der Spieltheorie. Der Grundgedanke wird vom Nobelpreisträger Ronald H. Coase mit der „reciprocal nature of the problem" formuliert (Coase, 1988, 96): Alle Probleme sind soziale Probleme zwei- oder mehrseitiger Natur, weil alle Handlungen sozial interdependent sind. Es gibt streng genommen keine Aktionen, sondern nur Interaktionen.

Bevor wir diese personale Erweiterung der Lehrbuch-Ökonomik am Grundmodell der Spieltheorie, dem sogenannten Gefangenendilemma, weiter explizieren und philosophisch vertiefen (siehe Kapitel 4), wollen wir zunächst die Herausforderungen für die Ethik diskutieren, die sich aus den grundlegend anderen Strukturen der modernen Welt für konkrete ethische Urteile und Handlungsempfehlungen ergeben.

KAPITEL 3

Wirtschaftsethik für die Marktwirtschaft

Die Marktwirtschaft (Homann, 2007) ist eine genuin moderne Wirtschaftsordnung. Damit ändern sich grundlegend die Bedingungen, unter denen die Prinzipien der abendländisch-christlichen Ethik ihre Wirkung entfalten müssen. Wir wollen im Kontext dieser Studie nur auf zwei Merkmale dieser modernen Gesellschaft – und auf eine Folgerung daraus – näher eingehen, die für unsere Problematik von zentraler Bedeutung sind: Zunächst diskutieren wir den Wettbewerb (Abschnitt 3.1) und dann den Status des Unternehmens als moralisches Subjekt (Abschnitt 3.2); abschließend geben wir als Folgerung besonders aus Abschnitt 3.1 eine neue und zusätzliche Erklärung dafür, dass Menschen einsichtigen moralischen Normen oftmals nicht Folge leisten (Abschnitt 3.3).

3.1 Wettbewerb

Das zentrale Problem einer Wirtschaftsethik für die Marktwirtschaft besteht darin, dass moralische Vor- und Mehrleistungen Einzelner, sofern sie zu nicht kompensierten Kostenerhöhungen führen, von der weniger moralischen Konkurrenz ausgebeutet werden können. In diesem Fall geraten die moralischen Wettbewerber in einen Wettbewerbsnachteil und müssen unter Umständen aus dem Markt ausscheiden. Dieser Wettbewerb ist kein Betriebsunfall der Marktwirtschaft, sondern ihr – letztlich ethisch begründetes – Programm. Damit bekommt die philosophische Ethik unter Bedingungen des – heute globalen – Wettbewerbs ein systematisches Problem: Der Schluss, wonach gut begründete Normen zur unbedingten Verpflichtung des Einzelnen führen, gemäß diesen Normen zu handeln, erweist sich als Kurzschluss, weil keine Ethik vom Einzelnen verlangen kann, dass er sich dauerhaft und systematisch ausbeuten lässt. Was ist zu tun?

Es gibt zwei Strategien, Wettbewerb und Moral kompatibel zu machen. Entweder sorgt man dafür, dass die Moral im Wettbewerb nicht länger von den weniger moralischen Konkurrenten ausgebeutet werden kann. Das Mittel dazu sind sanktionsbewehrte Regeln, die unmoralisches Handeln so verteuern, dass es sich für die Akteure nicht mehr lohnt und sie sich deswegen an die Regeln halten (siehe Kapitel 6). Durch Regeln werden die Konkurrenten denselben Moralstandards unterworfen und können aus weniger moralischem Verhalten keine Vorteile mehr ziehen. Das ist die klassische Lösung des Problems von Wettbewerb und Moral, die auf Adam Smith zurückgeht. Der Moral wird in den Regeln, also in der Rahmenordnung Rechnung getragen, während die Handlungen im Wettbewerb ablaufen. Oder in der Sprache des Sports: Die Fairness wird grundlegend durch die Spielregeln (und den Schiedsrichter) gewährleistet und der Wettbewerb findet in den Spielzügen statt. Wir können diese Strategie die ordnungspolitische Strategie nennen.

Oder, und das ist die zweite Lösungsstrategie, die Moral in Form von Fairness und Integrität wird im Wettbewerb von den Interaktionspartnern honoriert, sodass die moralischen Akteure Wettbewerbsvorteile am Markt erzielen. Moral zahlt sich aus. Diese Strategie nennen wir die Wettbewerbsstrategie.

Wichtig für unsere Fragestellung ist nun erstens, dass beide Strategien auf dem Eigeninteresse als handlungsleitendem Motiv beruhen: die Wettbewerbsstrategie ganz offenkundig, die ordnungspolitische Strategie ebenfalls, und zwar in beiden Teilen – bei der Verfolgung des Ziels Gewinn/Vorteil und bei der Einhaltung der Regeln wegen angedrohter Sanktionen, die man zu vermeiden sucht.

Zweitens ist dabei entscheidend, dass dieses Verfolgen der eigenen Interessen nicht auf den bösen oder schwachen Willen der Akteure zurückgeht, sondern durch den Wettbewerb als Systemimperativ der Marktwirtschaft erzwungen worden ist: Wie Karl Marx genau gesehen hat, kann sich auch ein noch so human gesinnter Unternehmer im Wettbewerb nicht anders verhalten, als innerhalb der Regeln nachhaltig seinen wirtschaftlichen Vorteil zu suchen. Tut er das nicht, wird er von den weniger humanen Konkurrenten aus dem Rennen geworfen.

Wettbewerb bedeutet, dass sich niemand auf dem Erreichten ausruhen kann, weil er nie weiß, ob nicht andere ihn morgen überholen werden. Daraus folgt, dass jeder so viele Potenziale wie möglich ansammeln muss, um seiner Eliminierung aus dem Wettbewerb vorzubeugen – Potenziale an Macht, Kapital, Wissen, Beziehungen und anderem mehr. Dies gilt permanent und vor allem präventiv.

Aus diesem Blickwinkel betrachtet ist der Systemimperativ der Gewinnmaximierung (oder der Shareholder-Value-Steigerung) eine unmittelbare Folge des Systemimperativs Wettbewerb. Der Grund für das Gewinnstreben ist also weder, dass der Mensch von Natur aus selbstsüchtig ist, wie in anthropologischen Ansätzen durchweg argumentiert wird, noch liegt eine Charakterschwäche vor. Der Grund ist vielmehr, dass der Wettbewerb jeden Marktteilnehmer – auch den moralischen – zwingt, auf den eigenen Vorteil zu achten, weil er sonst von anderen Wettbewerbern ausgebeutet oder eliminiert wird. In der Situation des Wettbewerbs gilt ein Prinzip, das David Hume 40 Jahre vor Adam Smith in den Kategorien der zeitgenössischen Psychologie wie folgt formulierte: „Es gibt also keinen Affekt, der fähig ist, die eigennützige Neigung im Zaum zu halten, außer dieser Neigung selbst, wenn man ihr nämlich eine neue Richtung gibt“ (Hume, 1978, 236). Kurz: Der Eigennutz wird nur durch stärkeren Eigennutz im Zaum gehalten.

Marx hatte aus dieser Problemlage den Schluss gezogen, dass man den Wettbewerb aus ethischen Gründen abschaffen müsse. Der Kapitalismus ist in seiner weiteren Entwicklung einen anderen, erfolgreicheren Weg gegangen: Er hat den Wettbewerb in den Dienst moralischer Ziele gestellt. Durch eine geeignete Rahmenordnung wird dafür gesorgt, dass der Wettbewerb einen wesentlichen Beitrag zum Ziel der Ethik leistet – zur „allgemeinen Glückseligkeit" im Sinne Kants oder, wie wir heute eher sagen würden, zum gelingenden Leben aller Menschen. Wettbewerb sorgt so für gute, preiswerte Güter und Dienstleistungen, für Innovationen und ihre schnelle Verbreitung und er lässt Machtpositionen, die immer wieder entstehen, auch wieder erodieren. Damit erhält der Wettbewerb als Mittel zum guten Leben aller eine ethische Rechtfertigung: Er wird unter Bedingungen der Marktwirtschaft zu einem nicht nur ökonomischen, sondern sittlichen Gebot, was in vormodernen Zeiten undenkbar ist und was den moralischen Intuitionen der meisten Menschen in unserem Kulturkreis bis heute diametral widerspricht.

Dieses Gebot muss als sittlich eingestuft werden – trotz der Härten, die der Wettbewerb für die einzelnen Wettbewerber bereithält, also zum Beispiel Bankrotte von Firmen, Entlassungen oder Standortverlagerungen. Der Kapitalismus mit Wettbewerb ist nach der bekannten Formulierung von Joseph A. Schumpeter ein „Prozess der schöpferischen Zerstörung" (Schumpeter, 1972, 134). Permanenter Strukturwandel ist der Marktwirtschaft inhärent, er ist die Bedingung ihres Erfolgs.

Damit haben wir zunächst einmal folgendes Zwischenergebnis erreicht: Auf der Mikroebene beruht die Marktwirtschaft mit Wettbewerb auf Motivationen, die grundlegend am individuellen Vorteil orientiert sind und sein müssen und die für die moralische Motivation keinen – oder allenfalls einen geringen – Raum lassen. Daraus folgt, dass ökonomisches Handeln unter Bedingungen des Wettbewerbs nach dem Standardmodell der überkommenen Ethik allenfalls die Qualifikation „klug" verdient, keinesfalls aber moralisch sein kann. Auf der Makroebene dagegen verdient das System Wettbewerb wegen seines Beitrags zur „allgemeinen Glückseligkeit" die Qualifikation „moralisch gut".

Dieser Wettbewerb stellt nun insofern eine Herausforderung für das Standardmodell der Ethik dar, als dieses so etwas wie eine Isomorphie der Motivation von Handlungen und Systemergebnissen, von Mikro- und Makroebene unterstellt: Moralisch gute Systemergebnisse würden demnach nur durch moralische Motivation der Akteure hervorgebracht. In der Marktwirtschaft aber gilt: „Nicht vom Wohlwollen des Metzgers, Brauers oder Bäckers erwarten wir unsere Mahlzeit, sondern von deren Bedachtnahme auf ihr eigenes Interesse. Wir wenden uns nicht an ihre Menschenliebe, sondern an ihre Eigenliebe und sprechen ihnen nie von unseren eigenen Bedürfnissen, sondern von ihren Vorteilen" (Smith, 2005, 98).

Unter Bedingungen des Wettbewerbs fallen die Motive für die Beurteilung der Systemergebnisse und die Handlungsmotive der Akteure, die die Ergebnisse hervorbringen, systematisch auseinander. Das führt zu kontraintuitiven und kontraintentionalen Sätzen wie den folgenden: Der Wohlstand aller hängt nicht vom Wohlwollen der Akteure ab; Wettbewerb ist solidarischer als Teilen; in der Marktwirtschaft dienen die Akteure ihren Mitmenschen aus Eigeninteresse; Gewinnstreben ist sozialer als Umverteilen.

Dasselbe gilt auch umgekehrt: Systemergebnisse, die alle wollen – zum Beispiel die „allgemeine Glückseligkeit" oder der „ewige Friede" im Sinne Kants –, können unter Bedingungen des Wettbewerbs intentional, also von den Akteuren in ihren Handlungen intendiert, nicht entstehen.

Dass die moralisch erwünschten Systemergebnisse erzielt werden, hängt von einer geeigneten Rahmenordnung ab, welche die eigeninteressierten Handlungen so kanalisiert, dass die für alle guten Ergebnisse herauskommen. Sie sind Ergebnisse menschlichen Handelns, aber nicht des Wollens der Akteure. Sie stellen sich ein als nichtintendierte Resultate intentionaler, aber eigeninteressiert-intentionaler Entscheidungen der Akteure.

Die Herausforderung, welche die Marktwirtschaft für unsere Moralvorstellungen darstellt, lässt sich an der von uns weitergesponnenen Geschichte vom Heiligen Martin illustrieren. In kalter Winternacht trifft er auf einen frierenden Bettler, nimmt sein Schwert, zerteilt seinen Mantel und gibt die eine Hälfte dem Bettler. So die Legende, die uns heute noch als leuchtendes Vorbild für Mitmenschlichkeit gilt. Jetzt unsere ökonomisch inspirierte Fortsetzung: Vermutlich haben dann beide gefroren, weil der Heilige Martin den Mangel nur gleich verteilt hat, aber keinerlei Anstalten gemacht hat, den Mangel zu beseitigen. Unter Bedingungen der modernen Marktwirtschaft hätte er eine Mantelfabrik gebaut, dem Bettler und anderen Bettlern Arbeit gegeben, damit diese sich die Mäntel selbst kaufen könnten. Und er hätte dabei sogar selbst noch Gewinn erzielt – aber dann wäre er gewiss nicht heiliggesprochen worden! Gewinnstreben ist moralisch diskreditiert. Wer Gewinn macht, kann in der abendländisch-christlichen Kultur bis heute kein moralisches Vorbild sein, selbst dann nicht, wenn er – um mit der Bibel zu sprechen – die Hungernden speist und die Nackten bekleidet. Die katholische Kirche hat bis heute keinen Unternehmer heiliggesprochen, geschweige denn einen Manager: So tief sitzen die moralischen Vorbehalte gegen grundlegende Systemimperative unserer modernen Welt.

Was hier bisher über Marktwirtschaft und Wettbewerb entfaltet wurde, lässt sich auf alle systemischen Prozesse der modernen Gesellschaft ausdehnen. Wir leben in gesellschaftlichen Funktionssystemen mit eigener Logik und eigenen Gesetzmäßigkeiten, ob in der Politik, in der Wirtschaft, im Recht oder in der Wissenschaft. Das Handeln folgt den Systemimperativen der Funktionssysteme und muss ihnen folgen. Ein Eintritt anderer, „genuin moralischer" Imperative zum Beispiel in Form von Moralappellen in der Rechtsprechung, in der Wissenschaft oder in der Wirtschaft, ist nur um den Preis schwerer Funktionsstörungen möglich. Das welthistorische Beispiel dafür ist der Zusammenbruch des Sozialismus Ende des 20. Jahrhunderts wegen ökonomischer Ineffizienz.

Das Resultat: Unter Bedingungen des marktwirtschaftlichen Wettbewerbs müssen wir die Bedingung, dass die Handlungen von moralischen Motiven geleitet sein müssen, aufgeben. Es kommt in diesem Fall vielmehr erstens auf die Einhaltung der Spielregeln als den Trägern der Moral und zweitens auf die Ergebnisse der ökonomischen Prozesse an.

Das schließt natürlich nicht aus, dass ein Unternehmer, der sich im Wettbewerb vom Eigennutzstreben unmittelbar leiten lässt, in handlungsentlasteten Situationen einen anderen Grund für sein Tun angibt – nämlich den, dass durch sein Vorteilsstreben im Wettbewerb der Allgemeinheit nachhaltiger zu dienen ist als durch ein Verhalten à la Heiliger Martin. Aber eine solche Begründung einer Handlung werden wir nicht als Handlungsmotiv im jeweils aktuellen Handlungsvollzug bezeichnen können.

3.2 Unternehmen als moralische Subjekte

Seit Sokrates und noch einmal verstärkt durch Immanuel Kant gilt der Einzelne, also die natürliche Person, als das einzige moralische Subjekt. Als Grundbestimmungen eines solchen moralischen Subjekts gelten Intentionalität, moralische Motivation und Gewissen.

Die dominanten Spieler in modernen Gesellschaften sind jedoch nicht die natürlichen Personen, sondern Organisationen und deren Prototyp, die Unternehmen. Unternehmen sind nun aber nicht natürliche, sondern rechtliche Personen, sodass eine Rückführung der Handlungen von Unternehmen auf die einzelnen natürlichen Personen nicht möglich ist. Unternehmen bestehen vielmehr aus Arbeitsplätzen. Durch diesen Kunstgriff gewinnt die Organisation ein Eigenleben, in relativer Unabhängigkeit von den Inhabern der Arbeitsplätze. Sie ist konzeptionell, von ihrer Konstruktion her, von den Individuen unabhängig und daher gewissermaßen unsterblich.

Ein Weiteres kommt hinzu: Natürliche Personen definieren sich mehr und mehr über ihre Zugehörigkeit zu Organisationen. Und weiter: Wirksamkeit erreichen natürliche Personen zunehmend nur über eine Mitgliedschaft in Organisationen wie Parteien, NGOs, Unternehmen, Bürgerinitiativen.

Die entscheidende Frage in diesem Zusammenhang lautet: Sind Unternehmen moralische Subjekte? Also Subjekte, denen man Verantwortung zuschreiben, die man missachten und im Recht auch bestrafen kann? Wir tun das im Alltag ständig. Auch die deutsche Rechtsprechung fängt an, nicht nur natürliche Personen, sondern auch Unternehmen zu bestrafen. Wir haben zum Beispiel die Allianz, BMW oder Siemens längst als moralische Subjekte identifiziert. Aber ist das mit dem Standardmodell von Ethik vereinbar?

Unverzichtbar für moralische Subjekte im Standardmodell der Ethik sind Intentionalität, moralische Motivation und Gewissen. Am ehesten könnte man einem Unternehmen noch Intentionalität zuschreiben, aber genau genommen ist schon das kategorial unsauber, weil man den Systemimperativ Gewinnmaximierung dann als Intention auslegen würde und sich die Frage stellen lassen muss, welche natürlichen Personen denn diese Intention verfolgen: Da würde man in einem großen Unternehmen wohl aller Wahrscheinlichkeit nach niemanden finden. Das gilt a fortiori für moralische Motive und ein Gewissen: Wer hat die Motive, wer hat das Gewissen der Organisation? Intentionalität, moralische Motive und Gewissen kann man nur natürlichen Personen zuschreiben.

Wenn wir Organisationen als moralische Subjekte auffassen – was wir im Alltag schon tun, unter modernen Bedingungen auch theoretisch tun müssen und was den Kern der Unternehmensethik ausmacht –, dürfen wir Intentionalität, moralische Motivation und Gewissen nicht länger als die Konstituentien von Moral überhaupt einstufen. Der Grund: Sie sind auf Organisationen einfach nicht anwendbar. Wenn wir trotzdem versuchen, mit diesen Grundbegriffen auszukommen, dann können wir nicht mehr erkennen, dass – um ein Beispiel zu nennen – Korruption kein Problem der individuellen Moral, sondern ein Organisationsproblem geworden ist.

Wir könnten allenfalls nach Analoga suchen. Als Analogon zum Gewissen könnte man versuchsweise die Compliance-Abteilung eines Unternehmens diskutieren. Aber diese Abteilung umfasst bei großen Unternehmen leicht mehrere hundert Mitarbeiter. Wollen wir die Arbeitsweise dieser Abteilung wirklich in Analogie zum persönlichen „Gewissen“ erörtern?

In der Wirtschaftsethik fokussieren wir bei der Explikation des moralischen Subjekts „Unternehmung“ auf Organisationsstrukturen wie Unternehmensverfassung, Unternehmenskultur und Governance (Wieland, 1999), also auf die spezifische Art und Weise, in der ein Unternehmen moralische Entscheidungsprobleme erkennt, bearbeitet und entscheidet. Diese Fragen sind mit den Theorie-Ressourcen des paradigmatisch an natürlichen Personen orientierten Standardmodells von Ethik aber aller Wahrscheinlichkeit nach nicht zu bearbeiten.

3.3 Gründe für die Nichtbefolgung moralischer Regeln

Die vorstehenden Ausführungen bieten einen neuen Grund dafür an, dass Menschen die – auch von ihnen selbst anerkannten – moralischen Regeln oft nicht befolgen. Die traditionelle Ethik nennt hier zwei Gründe: den bösen Willen und den schwachen Willen. Lassen wir einmal beiseite, dass bis heute nicht klar ist, was wir unter dem Begriff „Willensschwäche" zu verstehen haben, und begnügen wir uns für unsere Zwecke mit einem intuitiven Verständnis des Begriffs. Dann ist die Frage zu stellen, was der böse oder der schwache Wille angesichts der Probleme unserer Welt zu erklären vermögen.

Man führe sich in diesem Zusammenhang nur einmal die drängendsten moralischen Probleme unserer Zeit vor Augen: Armut, Hunger und Durst, Kindersterblichkeit, Verletzung der Menschenrechte, Bevölkerungswachstum, Arbeitslosigkeit, Seuchen, Migration und Vertreibung, Umweltzerstörung, Klimawandel, Energiemangel, Korruption, Kinderarbeit, Prostitution, Drogenanbau und -konsum, Kriege (auch von Warlords), organisierte Kriminalität, Fundamentalismus, Terrorismus – und so weiter. Es handelt sich in diesen Fällen ausnahmslos und zweifellos um moralische Probleme. Sie sind seit Jahrzehnten nicht gelöst. Moralischem Sollen wird auf breiter Front nicht Folge geleistet. Warum nicht?

Im Standardmodell der Ethik müssen alle Systemresultate auf einen entsprechenden Willen der Akteure zurückgeführt werden, in den betrachteten Fällen auf ihren bösen oder schwachen Willen. Das erklärt, warum sich der öffentliche Diskurs auf Moralisieren und Appellieren sowie auf die spiegelbildlichen Schuldzuweisungen bei Nichtbefolgen konzentriert: Er bewegt sich im Standardmodell. Viele Menschen empören sich über die Nichtbefolgung einsichtiger moralischer Postulate. Sie verschärfen die Appelle und nicht wenige verlieren die Geduld und werden militant – und das besten Wissens und Gewissens.

Die Wirtschaftsethik, die von Wettbewerb ausgeht, argumentiert in einem anderen Modell und ist daher in der Lage, eine andere Erklärung anzubieten: Abgesehen davon, dass sich sein individueller Beitrag zur Lösung globaler Probleme nur minimal auswirken kann, ist es dem Einzelnen unter Bedingungen des Wettbewerbs gar nicht möglich, den moralischen Ideen in seinem Handeln Folge zu leisten, solange er nicht vor der Ausbeutung durch weniger moralische Konkurrenten geschützt ist. Sind diese nicht denselben Moralstandards unterworfen, bleibt ihm nichts anderes übrig, als selbst so zu handeln, wie er es von seinen Konkurrenten befürchtet, und zwar aus Selbstschutz. Wenn ihn die Rahmenordnung nicht vor Ausbeutung seines moralischen Verhaltens schützt, muss er sich selbst schützen – durch präventive Gegenausbeutung. Dieser Mechanismus ist als Lebenserfahrung so weit verbreitet, dass er sogar in Sprichwörter kondensiert ist: Der Ehrliche ist der Dumme; Hannemann, geh' du voran; das Sankt-Florians-Prinzip.

Wir begegnen hier also einer weiteren Unmöglichkeit, die den Einzelnen von unmittelbar moralischen Handlungsverpflichtungen befreit: einer ökonomischen Unmöglichkeit, die die Ethik bislang nicht auf ihrem Radarschirm hat. Hier geht es nicht mehr um das Problem Sollen und Wollen, welches das Zentrum des Standardmodells der Ethik ausmacht, sondern um das Problem Sollen und Können.

Natürlich gab es Wettbewerb auch schon in der vormodernen Gesellschaft. Aber er wurde durch formelle und vor allem informelle Regeln beschränkt. Grundlage war eine Ethik des rechten Maßes, in der die „sophrosyne“ beziehungsweise die „temperantia“ im Mittelpunkt standen, durch die Konflikte verhindert werden sollten. In der Marktwirtschaft der modernen Welt wird der Wettbewerb zum Programm, zum Systemimperativ, und damit erscheinen das Ausgebeutetwerden und die präventive Gegenausbeutung als neue Probleme, die das moralische Handeln der Menschen flächendeckend vor besondere Schwierigkeiten stellt. Doch die Ethik reagiert darauf nur sehr zögerlich oder gar nicht – mit der Folge, dass der Selbstschutz gegen das Ausgebeutetwerden als Grund für das Nichtbefolgen moralischer Regeln als zentrale Erklärung für die moralischen Übel in unserer Welt bisher nicht vorkommt.

Wir haben bisher mit dem Wettbewerb argumentiert, der zu einem solchen Verhalten zwingt. Allgemeiner gesagt haben wir es mit Problemstrukturen zu tun, die im spieltheoretischen Modell des Gefangenendilemmas abgebildet werden. Der Wettbewerb ist in vielen Situationen nichts anderes als ein solches Gefangenendilemma auf derselben Marktseite.

KAPITEL 4

Das Gefangenendilemma und seine systematische Bedeutung für die Ethik

Bisher stand der Wettbewerb im Zentrum unserer Überlegungen zu Interaktionen in der Marktwirtschaft. In diesem Kapitel verallgemeinern wir die Problemstrukturen des Wettbewerbs und zeigen, dass mit dieser Verallgemeinerung die grundlegende Anatomie – nicht die Phänomenologie – ausnahmslos aller Interaktionen abgebildet werden kann. Damit verbunden ist die These, dass jemand, der diese Problemstrukturen nicht kennt, die grundlegenden Probleme unserer sozialen Welt nicht verstehen kann und aufgrund falscher Diagnosen (zum Beispiel der „Gier") zu falschen Therapien (zum Beispiel der „Mäßigung") gelangt.

Das theoretische Instrument zur Darstellung dieser Problemstrukturen ist das Grundmodell der Spieltheorie, das sogenannte Gefangenendilemma (prisoner's dilemma). Methodisch ist in diesem Zusammenhang wichtig, dass man das Gefangenendilemma nicht als adäquate Beschreibung der sozialen Realität versteht, sondern als die zugrunde liegende Struktur bei allen Interaktionen. In der Realität ist diese Problemstruktur oftmals von anderen Faktoren überlagert – Faktoren, die nicht selten Lösungen oder Teillösungen für die Probleme des Gefangenendilemmas darstellen (sollen), sodass diese Struktur in ihrer logisch reinen Form phänomenologisch nicht mehr erkennbar ist. Die Aufgabe der Wissenschaft aber ist es, hinter den Phänomenen die zugrunde liegenden Kräfte zu erkennen, welche die Phänomene hervorbringen, um auf diese Weise Eingriffs- und Steuerungsmöglichkeiten zu erhalten. Wir hoffen im Folgenden zeigen zu können, wie fruchtbar dieses Modell des Gefangenendilemmas – allgemeiner: der Dilemmastrukturen – für die Analyse der Probleme der sozialen Welt und damit für die Ethik ist.

Wir stellen zunächst die Logik des Gefangenendilemmas dar (Abschnitt 4.1) und erläutern diese dann durch Beispiele verschiedenster Art (Abschnitt 4.2). Schließlich arbeiten wir die systematische Bedeutung für die Ethik – auch für eine theologische – heraus (Abschnitt 4.3).

4.1 Die Logik des Gefangenendilemmas

Wir stellen das Gefangenendilemma an dieser Stelle relativ umfangreich dar, um es auch dem damit nicht vertrauten Leser zu ermöglichen, dem Gedankengang zu folgen (vgl. Holler/Illing, 2005; Varian, 1995). Wir sind der Auffassung, dass das theologisch-philosophische Potenzial dieses Modells in der Wissenschaft bei weitem nicht ausgeschöpft ist.

Das Gefangenendilemma bildet eine Interaktionsstruktur ab, in der gemeinsame und konfligierende Interessen zugleich vorliegen. Das ist bei allen Interaktionen der Fall: Ohne gemeinsame Interessen gäbe es keine Interaktionsmöglichkeiten zwischen den Beteiligten, und ohne konfligierende Interessen gäbe es dementsprechend keine Interaktionsprobleme.

Das Gefangenendilemma spiegelt eine Situation wider, in der das Ergebnis des Handelns von Person A immer auch davon abhängt, was Person B – teils in Reaktion auf das Verhalten oder in Antizipation des Verhaltens von A – tut. Es handelt sich um eine Interaktionsstruktur, in der der Einzelne das Ergebnis allein nicht kontrolliert. Die Theorie spricht von der Interdependenz des Verhaltens.

Schließlich hat das Gefangenendilemma in seiner reinen Form eine Interaktionsstruktur, in der es den Akteuren nicht gelingt, eine wirksame Verhaltensbindung unter den Akteuren (den Spielern) herzustellen.

Das Modell wird in der sogenannten Normalform als eine Auszahlungsmatrix mit ordinalen Auszahlungswerten dargestellt. In einer 2-Personen-Gesellschaft haben wir zwei Akteure mit jeweils zwei Handlungsstrategien: Kooperieren und Defektieren (von engl. defection = Treubruch, Täuschung). Es ergeben sich die folgenden vier Auszahlungskombinationen, die wir in römischen Ziffern von I bis IV in den einzelnen Quadranten notieren (Abbildung 3).

Die Auszahlungsmatrix des Gefangenendilemmas | Abbildung 3

		B	
		Kooperieren	Defektieren
A	Kooperieren	I 3,3	II 1,4
	Defektieren	III 4,1	IV 2,2

Eigene Darstellung

Dabei geben die Zahlen vor dem Komma die ordinalen Auszahlungen für A und die nach dem Komma die ordinalen Auszahlungen für B wieder. Jeder Akteur verfolgt in diesem Modell rational im Sinne der Ökonomik nur seinen individuellen Vorteil – wir werden sogleich sehen, warum.

Unter diesen Voraussetzungen ergibt sich als stabile Lösung der Quadrant IV mit der ordinalen Auszahlung 2,2. Das ist ein Resultat, das keiner der Akteure will, weil Lösungen denkbar sind, die A besserstellen (Quadranten III und I), solche, die B besserstellen (Quadranten II und I), und eine Lösung, die beide besserstellt (Quadrant I). Letzteres Ergebnis ist aber – unter den oben genannten Voraussetzungen – nicht zu erreichen, weil dann beide kooperieren müssten, sowohl A als auch B aber wissen, dass bei eigener Kooperation der jeweils andere einen massiven Anreiz hat, zu defektieren. Es besteht also ein Verhaltensanreiz, das kooperative Verhalten des anderen auszubeuten, weil dieses Defektieren lukrativer ist als die kooperative Lösung. Die Folge: Beide greifen zu dem einzigen Gegenmittel gegen die drohende Ausbeutung, das sie allein kontrollieren, der – präventiven – Gegendefektion. Aus Gründen des Selbstschutzes können sie nicht anders. So landen sie im Quadranten IV, der sogenannten „kollektiven Irrationalität" oder „sozialen Falle".

Diese Lösung ist bei dieser Problemstruktur das einzige stabile Gleichgewicht, das sogenannte Nash-Gleichgewicht, das durch drei Charakteristika gekennzeichnet ist: Erstens ist es suboptimal für jeden Einzelnen, zweitens stellt es sich systematisch ein, drittens will es keiner der Akteure. Das aggregierte Ergebnis wird als nichtintendiertes Ergebnis eigeninteressiert-intentionalen Verhaltens abgeleitet. Die aggregierten Resultate der Interaktionen moderner Gesellschaften wie zum Beispiel Armut, Umweltzerstörung und Arbeitslosigkeit (vgl. Abschnitt 3.3.) lassen sich durchaus systematisch erklären, aber nicht mehr handlungstheoretisch-intentional: Niemand will diese Ergebnisse, dennoch stellen sie sich systematisch ein.

Der Grund besteht darin, dass keiner allein den allgemein erwünschten Quadranten I kontrolliert, der beide (alle) besserstellt und den wir daher als den moralisch erwünschten Quadranten bezeichnen können. Daher muss jeder Einzelne damit rechnen, dass die anderen Gesellschaftsmitglieder – seine Mitspieler – defektieren. Sein einziges Gegenmittel besteht in der präventiven Gegendefektion.

In der reinen Logik des Modells ist dieses Ergebnis gewiss. In der Realität wird es am ehesten dadurch nachvollziehbar, dass man sich einen Akteur vorstellt, der nicht unbedingt andere ausbeuten will, sondern sich vielmehr gegen die Ausbeutung durch andere wehrt. Keine Ethik – auch keine christliche – kann vom Einzelnen verlangen, dass er sich dauerhaft und systematisch von anderen ausbeuten lässt.

4.2 Beispiele

Nach der Darstellung der Logik des Gefangenendilemmas werden jetzt einige konkrete Beispiele vorgestellt, in denen diese Logik deutlich sichtbar am Werk ist. Dabei wird sie zum Teil sogar schon in diesen Fällen von anderen, auch gegenläufigen Kräften überlagert. In vielen anderen Fällen ist die Überlagerung so stark, dass die Logik phänomenologisch kaum noch oder gar nicht mehr zu erkennen ist.

1. Die Problemstrukturen des Gefangenendilemmas waren in geradezu klassischer Weise, die an Thomas Hobbes (1984) erinnert, im Kalten Krieg am Werk: Da einseitige Abrüstung (= Kooperation) den Gegner aufgebaut und vielleicht zum Angriff ermutigt hätte, kam es zur sozialen Falle in Form des äußerst kostspieligen Wettrüstens, das erst nach und nach durch partielle Abrüstungsverträge mit gegenseitigen Kontrollen, die wechselseitig Glaubwürdigkeit herstellen sollten, eingedämmt werden konnte.

2. Die Weltmeere sind überfischt, was letztlich allen Fischfangnationen zum Nachteil gereicht. Das kann als soziale Falle interpretiert werden. Hinter diesem Resultat auf der Makroebene stehen die folgenden Kalkulationen auf der Mikroebene der einzelnen Länder: Wenn ein Land die Bestände schont, werden andere umso mehr fischen, und die Situation bessert sich überhaupt nicht. Derjenige aber, der kooperativ im Interesse des Wohls des Ganzen vorleistet, würde ausgebeutet. Seine einzige Gegenwehr bestünde darin, sich an diesem Wettbewerb zu beteiligen. Die Forschung spricht hier von der „Tragik der Allmende“ (Hardin, 1968).

   Damit sich die Fischbestände erholen, hat man inzwischen unter den Ländern Kollektivvereinbarungen getroffen, die auf eine Teilprivatisierung hinauslaufen: die Erweiterung der nationalen Fischfangzonen vor den eigenen Küsten und die Einführung von Fischfangquoten. Privateigentum unterbindet die Gefangenendilemma-Logik dadurch, dass alle Nichteigentümer von der Nutzung der Ressource wirksam ausgeschlossen werden, sodass sich der Eigentümer allein die Erträge einer eventuellen Schonung oder Kultivierung der Ressource aneignen kann und nicht länger befürchten muss, dass andere ihm bei der Ernte zuvorkommen. Auf diese Weise schafft die Institution Privateigentum einen massiven Anreiz, Ressourcen effizient zu nutzen – zum Wohl der Allgemeinheit (vgl. Abschnitt 6.3 zum Gebot „Du sollst nicht stehlen“).

3. Der Wandel des Klimas, eines weiteren Allmende-Gutes, hat globale Ursachen. Er kann daher nur durch kollektive Maßnahmen gebremst oder gestoppt werden. Die Länder, die den Kohlendioxid-Ausstoß freiwillig begrenzen, werden von Ländern, die sich nicht beteiligen (zum Beispiel USA, China, Indien), ausgebeutet. Die Bemühungen um eine weltweite Reduzierung der Emissionen kommen vor diesem Hintergrund nur mühsam voran und der Erfolg ist keineswegs gesichert – zumal die weniger industrialisierten Länder entsprechende Forderungen der Europäischen Union (EU) als koloniale Behinderung ihrer Entwicklungschancen

anprangern können. Kurz: Die Defektierer sind im Vorteil, sie beuten die anderen aus. Die zentrale Frage lautet, wie lange die anderen mit gutem Beispiel vorangehen können.

4. Ähnliches gilt für den Protektionismus. Für alle Länder am besten ist der freie Welthandel. Aber aus innenpolitischen Gründen setzen auch Demokratien oft auf protektionistische Maßnahmen zum Beispiel im Agrar- oder Stahlbereich, weil diese ihnen noch größere Vorteile verheißen. Solange die internationalen Gerichte zum Beispiel im Rahmen der Welthandelsorganisation WTO dieses Trittbrettfahren nicht wirksam unterbinden können, haben die Ausgebeuteten nur ein Gegenmittel zur Hand, nämlich die präventive Gegendefektion. Das bedeutet, dass sie ebenfalls Protektionismus praktizieren. Dies führt dann zu den immer wieder aufflackernden „Handelskriegen" wie zwischen den USA und der EU oder, wenn die weniger entwickelten Länder zu schwach sind, zur Ausbeutung durch den Protektionismus der Industrienationen.

5. Ein besonders interessantes Beispiel ist die Bevölkerungsentwicklung: Das Gefangenendilemma erklärt sowohl die Bevölkerungsexplosion in armen als auch den Bevölkerungsrückgang in reichen Ländern. Die entscheidende Stellgröße ist dabei die Versorgung im Alter. Wo diese allein oder überwiegend von den eigenen Kindern getragen wird, haben die Menschen viele Kinder. Wer die Kinderzahl freiwillig beschränken würde, wäre im Alter schlecht versorgt. Wo die Versorgung im Alter durch eine Rentenversicherung von eigenen Kindern unabhängig ist, sind umgekehrt diejenigen im Vorteil, die keine eigenen Kinder haben, sondern lediglich viel einzahlen und dadurch Rentenansprüche erwerben. Diese müssen – zumindest im deutschen Umlagesystem – später von den Kindern anderer erwirtschaftet werden, wobei diese Eltern oftmals wegen ihrer Kinder nicht so hohe Rentenansprüche erwerben konnten wie Kinderlose (vgl. dazu Abschnitt 7.3).

Bei diesen ersten fünf Beispielen handelt es sich um Dilemmastrukturen, in denen die Logik in eine soziale Falle führt, die unerwünscht ist: Wettrüsten, Übernutzung der Allmende-Güter Weltmeere und Klima, Protektionismus und ungleichgewichtige Bevölkerungsentwicklung. Allgemein erwünscht – und daher moralisch geboten – ist in diesen Fällen kooperatives Verhalten, das verschiedene Formen annehmen kann: Die gebräuchlichsten sind formelle (Recht) und informelle (Moral, Konventionen) sanktionsbewehrte Regeln sowie besonders die Einführung von Privateigentum.

Es gibt aber auch Fälle, in denen die Kooperation zwar von den Beteiligten gewünscht, aber für die Allgemeinheit (für die Betroffenen) unerwünscht und daher moralisch verwerflich ist. Das illustrieren zwei weitere Beispiele.

6. Die Kronzeugenregelung bei der Bekämpfung organisierter Kriminalität dient der Justiz dazu, die Wahrheit herauszufinden und die Kooperation in kriminellen Banden (Mafia) aufzubrechen. An dem Beispiel von zwei Untersuchungshäftlingen, denen eine schwere Straftat zur Last gelegt wird, die der Richter ihnen aber nicht nachweisen kann, weswegen er die Kronzeugenregelung heranzieht, ist die Problemstruktur erstmals formal analysiert worden – daher stammt die Bezeichnung „Gefangenendilemma“.

7. Eine andere maßgebliche Kooperation, die zwar von den Beteiligten gewünscht, allgemein aber unerwünscht und daher rechtlich und moralisch verboten ist, stellt das Kartell dar: Die Beteiligten bereichern sich zulasten der Allgemeinheit. Die Aufgabe der Kartellgesetzgebung ist es, Kooperationen in Form von Kartellen zu verhindern und die Beteiligten unter Wettbewerb zu setzen, damit sie in die soziale Falle des Preis- und Qualitätswettbewerbs geraten – zum Wohl der Betroffenen, der Allgemeinheit. Der Wettbewerb ist nichts anderes als ein Gefangenendilemma auf derselben Marktseite, zum Beispiel auf der Seite der Anbieter. Er ist zwar allgemein erwünscht, das heißt in der Marktwirtschaft moralisch geboten, unterliegt aber für die Beteiligten derselben immanenten Logik wie die unerwünschten Gefangenendilemmata. Das hat Folgen für die Ethik.

Wir schließen die Reihe der Beispiele hier ab und verallgemeinern die Überlegungen in der Weise, dass wir drei Typen von Interaktionssituationen identifizieren, in denen praktisch immer mit Dilemmastrukturen zu rechnen ist.

- Gemeinsame Ressourcen: Die klassische Allmende-Problematik kann quasinatürlich sein (Weide- und Fischgründe, Luft, Klima, saubere Umwelt) oder aber artifiziell, durch soziale Regelungen hervorgebracht (Rentenversicherung, Krankenversicherung, deutscher Länderfinanzausgleich).
- Gemeinsame Ziele: Im Anschluss an die Vereinbarung gemeinsamer Ziele tritt immer das Problem der Disaggregation auf, also die Frage, wer wie viel zur Erreichung der gemeinsamen Ziele – beispielsweise zum Klimaschutz, zum Abbau der Arbeitslosigkeit oder zur Preisstabilität – beitragen soll. Hier gilt die Logik: Hannemann, geh’ du voran. Solche Situationen sind künstlich, nämlich durch kollektive Zielsetzungen geschaffen.
- Wettbewerb: Der Wettbewerb ist ein Gefangenendilemma auf derselben Marktseite. Wettbewerb in einer Marktwirtschaft ist ebenfalls artifiziell, keineswegs natürlich, was sich an der Tendenz vieler Marktteilnehmer zeigt, sich dem Wettbewerb entziehen zu wollen.

4.3 Die systematische Bedeutung von Dilemmastrukturen

Im Folgenden soll die systematische Bedeutung von Dilemmastrukturen für eine Ethik in modernen Gesellschaften in zehn Punkten herausgearbeitet werden. Dabei werden zugleich die Logik und die Funktionsweise des Gefangenendilemma-Modells weiter profiliert.

1. Überall, wo Interaktionsstrukturen vom Typ Gefangenendilemma vorliegen, gebietet die Logik jedem Einzelnen nur eine Strategie, um zu verhindern, dass er ausgebeutet wird: die präventive Gegendefektion. Wenn Akteure in der Marktwirtschaft unter Bedingungen des Wettbewerbs ausschließlich auf den eigenen Vorteil achten und unablässig Gewinne zu maximieren versuchen oder nach Steigerung des Shareholder-Value streben, ist das durch die Problemstruktur erzwungen. Das bedeutet: Das Vorteilsstreben wird nicht als anthropologische Gegebenheit „des Menschen" oder einzelner Menschen eingestuft, wobei man dann darüber streiten kann, wie stark und/oder wie weit verbreitet dieses Streben ist und wie es moralisch zu bewerten ist. Es ist vielmehr als Verteidigung gegen die Ausbeutung durch andere zu verstehen. Gewinnmaximierung ist nicht Voraussetzung, sondern Folge des Wettbewerbs. Da keine Ethik vom Einzelnen verlangen kann, dass er sich dauerhaft und systematisch ausbeuten lässt, muss man mit der moralischen Verurteilung von Gewinnstreben in einer wettbewerblichen Marktwirtschaft sehr vorsichtig sein. Dies gilt grundsätzlich für alle Dilemmastrukturen, also für den erwünschten Wettbewerb ebenso wie für die Verhaltensweisen, die unter Dilemmastrukturen in unerwünschte soziale Fallen münden.

2. Aus Dilemmastrukturen kann es individualethische Auswege nur geben, wenn sich das moralische Verhalten Einzelner in Wettbewerbsvorteilen auszahlt – nicht jedoch, wenn die Kosten moralischen Handelns nicht kompensiert werden. So etwas wie eine „Durchbrechung" (Ulrich, 1996, 156; 1997, 416) der ökonomischen Logik, die Moralisten und manche Wirtschaftsethiker verlangen, ist ethisch nicht zumutbar. Positiv gesagt: Moral muss unter den Bedingungen von Dilemmastrukturen anreizkompatibel sein, wobei unter Anreizen handlungsbestimmende, situative individuelle Vorteilserwartungen zu verstehen sind. In Dilemmastrukturen ist moralisches Handeln nicht „neutral" im Sinne von unschädlich für die moralischen Akteure, sondern schädlich, solange die Dilemmastruktur fortbesteht – und dies ist in einer Marktwirtschaft kein Betriebsunfall, den man zu vermeiden suchte, sondern ihr Programm.

3. In Dilemmastrukturen kann es keine einseitig Schuldigen geben: Weder A noch B ist „schuld" an der sozialen Falle, allenfalls sind es beide zusammen. Aber im Grunde ist diese Redeweise kategorial falsch, was sofort klar wird, wenn man von

der 2-Personen-Gesellschaft auf eine n-Personen-Gesellschaft übergeht. Deswegen ist es auch falsch, in der aktuellen Finanzkrise allein den Bankern die Schuld zu geben. „Schuld" im metaphorischen Sinne sind die Problemstruktur und die von ihr ausgehenden starken Anreize, die in diesem Fall den Akteuren unter Androhung des wirtschaftlichen Ruins gar keine andere Strategie als die Defektion gelassen haben.

4. Jetzt lässt sich auch die Rolle des berühmt-berüchtigten Homo oeconomicus klären: In Interaktionsstrukturen vom Typ Gefangenendilemma muss sich auch der gutwilligste und humanste Akteur so wie ein Homo oeconomicus verhalten, rein aus Selbstschutz gegen die Ausbeutung durch andere. Die Situation zwingt ihn dazu. Der Homo oeconomicus ist daher kein Menschenbild, sondern ein theoretisches Konstrukt, das es erlaubt, die aggregierten Ergebnisse in Interaktionsstrukturen vom Typ Gefangenendilemma – das heißt im Wettbewerb – zuverlässig abzuschätzen. Der Homo oeconomicus ist auch keine empirische Kategorie, weil die Logik des Gefangenendilemmas in der Realität oftmals von anderen Kräften (partiell) außer Kraft gesetzt wird. Der Mensch ist kein Homo oeconomicus. Aber er wird in Gefangenendilemma-Situationen aus Gründen des Selbstschutzes zu einem Verhalten gemäß dem Homo-oeconomicus-Modell gedrängt. Man sollte sich nicht durch die Bezeichnung „homo" (= Mensch) irritieren lassen: Der Homo oeconomicus sagt nichts über den „Menschen" aus, sondern über die Anreizstrukturen von Situationen vom Typ Gefangenendilemma und ähnlicher Entscheidungssituationen.

5. In den Fällen, in denen die soziale Falle allgemein unerwünscht (= unmoralisch) ist, werden Dilemmastrukturen durch sanktionsbewehrte Institutionen überwunden. Das können formelle Institutionen (Recht) oder informelle (Moral, Konventionen, Routinen) sein. Wenn Defektieren durch bestimmte sanktionsbewehrte Institutionen mit einer Zurückstufung um zwei Ränge bestraft wird, erhalten wir in der Normalform-Darstellung des Gefangenendilemmas eine Auszahlung, in der sich als beste Lösung für jeden Einzelnen die Kooperation herausstellt. Spieltheoretisch spielen wir dann ein anderes Spiel, ein Kooperationsspiel nämlich. Gesellschaftspolitisch bedeutet das, dass wir bestimmte Verhaltensweisen wie beispielsweise Raub, Diebstahl, Korruption, Vertragsbruch und Umweltverschmutzung durch Ordnungspolitik unter solche Strafen setzen, dass sie sich für die Akteure im Regelfall nicht mehr lohnen. Sie werden dann kooperativ spielen – aus Eigeninteresse.

6. Besonders in Deutschland sind die Menschen bei offenkundigen moralischen Übeln – wie Armut, Klimawandel, Arbeitslosigkeit, aber auch bei der aktuellen Finanzkrise – immer schnell dabei, Schuldige zu suchen und harte Strafen zu ver-

langen. Wie bereits unter Punkt 3 gezeigt, kann es in Interaktionsstrukturen vom Typ Gefangenendilemma solche einseitig Schuldigen nicht geben. Die Ursache dieser Übel sind vielmehr fehlende, falsche oder unvollkommene Regeln und/oder gravierende Durchsetzungsdefizite. Häufig ist das sogenannte „Marktversagen" daher im Grunde ein „Staatsversagen", ein Versagen des politischen Systems, das es versäumt hat, die entsprechenden Regeln zu setzen.

Noch etwas wird durch diese Analyse deutlich: Wenn seit den siebziger Jahren des vergangenen Jahrhunderts in der kirchlichen Sozialethik viel von der „strukturellen Sünde" die Rede war, sollte sie nicht als „Frucht vieler Sünden" verstanden werden, wie das weithin geschieht – so auch in der hier zitierten Enzyklika „Sollicitudo rei socialis" von 1987 (Johannes Paul II., 1987, Ziff. 37). Vielmehr ist sie als Resultat einer fehlenden sozialen Ordnung zu betrachten, wofür wiederum – wegen des politischen Wettbewerbs – kein Einzelner verantwortlich zu machen ist. Unter Dilemmastrukturen bekommen wir regelmäßig auf der aggregierten Ebene Ergebnisse, die keiner will und für die der Einzelne nicht verantwortlich ist, weil er sie (allein) nicht kontrolliert.

7. Gut begründete moralische Normen und Einsichten gelten in Dilemmastrukturen nicht als unmittelbar verbindlich fürs Handeln, sondern zunächst nur für den Willen, für die Gesinnung der Akteure. Verbindlich für das Handeln werden sie erst, wenn eine soziale Ordnung etabliert ist, die das moralische Handeln der Einzelnen (hinreichend) vor systematischer Ausbeutung durch weniger moralische Konkurrenten schützt. Die anreizkompatible Implementierbarkeit der Normen ist die Voraussetzung ihrer Verbindlichkeit fürs Handeln. Die Implementierbarkeit schlägt auf die normative Geltung durch: „ultra posse nemo obligatur" – Sollen setzt Können voraus.

8. Wir gelangen in dieser Konzeption zu einer Neubewertung des individuellen Vorteilsstrebens, des Eigeninteresses. Eigeninteresse wird hier nicht manichäistisch als ursprünglich böse Triebkraft des Menschen verstanden, die man bändigen, zähmen müsste, sondern als durch Dilemmastrukturen (Wettbewerb) erzwungene Verhaltensweise. Als solche bildet das Eigeninteresse den Motor für die gesellschaftliche Entwicklung und damit für gesellschaftliche Pareto-Verbesserungen. Nicht das Eigeninteresse als solches ist moralisch schlecht. Die Demarkationslinie zwischen unmoralischem und moralischem Handeln verläuft nicht entlang der Trennlinie zwischen Egoismus und Altruismus, weil auch die Moral auf Eigeninteresse beruht – siehe Quadrant I in Abbildung 3. Sie verläuft, wie das Gefangenendilemma in der Normalform zeigt, zwischen einem Streben nach individueller Besserstellung des A auf Kosten von B (Quadrant III) und einem Streben nach Besserstellung des A, bei dem auch B bessergestellt wird (Quadrant I). Diese Ein-

schätzung des Eigeninteresses stimmt mit der abendländischen Ethik-Tradition insofern voll überein, als weder das christliche Liebesgebot noch die Goldene Regel oder auch der kategorische Imperativ Kants das Streben des Einzelnen nach Besserstellung moralisch verbieten. Das christliche Liebesgebot, um beim bekanntesten Beispiel zu bleiben, heißt aus guten Gründen nicht: Du sollst deinen Nächsten mehr lieben als dich selbst, sondern: Du sollst deinen Nächsten lieben wie dich selbst.

9. Bei der Übertragung des Gefangenendilemmas auf eine n-Personen-Gesellschaft wird eine bedeutende Asymmetrie zwischen den Strategien Kooperieren und Defektieren deutlich: Damit die pareto-superiore Lösung in Quadrant I zustande kommt, müssen (fast) alle Akteure kooperativ spielen. Diese Lösung kann aber bereits dadurch unerreichbar werden, dass einer defektiert – damit zwingt er alle anderen aus Selbstschutz auf den Weg der Gegendefektion. Logisch brauchen wir diesen ersten Defektierer nicht einmal: Schon die (erkannte) Möglichkeit, dass ein Akteur defektieren könnte, veranlasst alle anderen Akteure zur präventiven Gegendefektion. Diese Asymmetrie ist in gesellschaftspolitischer Hinsicht von allergrößter Bedeutung.

   In einer (Welt-)Gesellschaft ist – zunächst rein positiv argumentiert – darauf zu achten, dass Einzelne oder Gruppen nicht ausgegrenzt werden. Ansonsten droht die Defektion in Form von Kriegen, Migrationen, Terrorismus, Umweltzerstörung und vielem anderen mehr. Wer nichts zu verlieren hat, wird zum Desperado. Es sind schon allein zur Erhaltung des Friedens möglichst alle Menschen in die Gesellschaft zu integrieren, damit sie an der Gesellschaft und an den Früchten der gesellschaftlichen Zusammenarbeit teilhaben können. Kleine und kleinste Gruppen – manchmal sogar einzelne Personen – verfügen über das Potenzial, die Wohlstandsposition der Allgemeinheit zu verschlechtern. Dabei muss man nicht unbedingt an den 11. September 2001 denken: Allein die Tatsache, dass drei Milliarden Menschen nicht in das System des weltweiten wirtschaftlichen Austauschs einbezogen sind, lässt den Wohlstand auch in den Industrienationen weit hinter den Möglichkeiten zurückbleiben.

   Dies ist eine positive, rein aus Klugheitserwägungen abgeleitete Begründung für die grundlegenden Werte der abendländisch-christlichen Kultur: für die Freiheit und Würde des Einzelnen, weil dieser systematisch ein Defektionspotenzial hat, und für die Solidarität aller Menschen, weil ein Zusammenarbeiten und -halten aller unter einer guten Ordnung für jeden Einzelnen nachhaltig die größten Vorteile bringt. Wegen der Interdependenz, die durch die Globalisierung erst richtig manifest geworden ist, kann der Einzelne allein nicht einmal etwas Gutes tun. Er verdankt diese Möglichkeit immer auch den anderen, weil diese ihn das Gute tun lassen müssen – was zum Beispiel beim Wiederaufbau im Irak oder in Afghanistan keineswegs selbstverständlich ist. Autonomie, Privatheit und individuelle Verantwortung sind keine Naturtatsachen, sondern Ergebnis von Kollektivvereinbarungen, also von Institutionen. In diesem systematischen Bedingungsverhältnis ist die Grundlage für die Verpflichtung zur Solidarität aller Menschen zu sehen.

10. Moralisch unbefriedigende Zustände müssen in diesem Ansatz als soziale Fallen gedeutet werden. Diese Deutung schließt methodisch die Verpflichtung ein, permanent nach Pareto-Verbesserungen, also nach Verbesserungen für alle zu suchen. Allein die Tatsache, dass sich immer bessere Zustände und Regeln denken lassen, ist ein ständiger Antrieb, nach institutionellen Arrangements zu forschen, die es erlauben, die Pareto-Verbesserungen auch zu realisieren, ohne Ausbeutung befürchten zu müssen. Insofern schließt das Modell des Gefangenendilemmas auch die kritische Distanz zum Status quo – der sozialen Falle – ein und damit eine Transzendenz gegenüber dem Bestehenden. Die Ökonomik denkt genau wie die Theologie von der Zukunft, von den Möglichkeiten her. Insofern haben wir eine grundlegende Strukturähnlichkeit der beiden so verschiedenartigen Wissenschaften zu konstatieren (Marx, 2008).

4.4 Modell und Realität

Es wurde – insbesondere zu Beginn von Kapitel 4 – bereits erwähnt, dass bei der Übertragung des Gefangenendilemma-Modells auf die Realität damit gerechnet werden muss, dass die reine Logik des Modells empirisch so gut wie nie aufzufinden ist. Daher ist die Anreizlogik in der Empirie als Kraft oder Tendenz zu interpretieren, die von anderen Kräften oder Tendenzen begleitet und abgeschwächt wird. In den Fällen, in denen Dilemmastrukturen unerwünscht sind, sollen die in der Logik abgebildeten Anreize von gegenläufigen Anreizen – zum Beispiel mithilfe von Sanktionen – gemildert oder überwunden werden. In den Fällen, in denen Dilemmastrukturen erwünscht sind, also bei der Kronzeugenregelung und im Wettbewerb, werden die Anreize zur Defektion in fast reiner Form erhalten, zum Beispiel durch die Justiz mit der Kronzeugenregelung oder durch die Aufsicht des Kartellamts.

Ob erwünschte oder unerwünschte Dilemmastruktur: In beiden Fällen sind es formelle oder informelle Institutionen, durch die das Verhalten in die erwünschte Richtung gesteuert wird. Die Aufgabe von Institutionen besteht genau in einem solchen Management von Dilemmastrukturen. Man kann in diesem Zusammenhang sogar die These wagen, dass der Wohlstand der Industrienationen im weiteren Sinne darauf beruht, dass sie es im Verlauf ihrer Geschichte gelernt haben, mit Dilemmastrukturen differenziert umzugehen. Sie sind also in der Lage, unerwünschte Dilemmastrukturen zu überwinden und erwünschte aufrechtzuerhalten, oder kürzer gesagt: den Wettbewerb in den Dienst der Kooperation zu stellen.

Die Folge ist, dass wir beim Blick in die Realität häufig keine Dilemmastrukturen, sondern stattdessen funktionierende Kooperationen wahrnehmen. Dies wird von vielen Ökonomen, aber auch von Nicht-Ökonomen als empirische Falsifikation der hier vertretenen grundlegenden Bedeutung des Gefangenendilemmas für die ökonomische und ethische Theorie eingeschätzt. Doch das ist ein methodologisches Missverständnis beziehungsweise Selbstmissverständnis.

Es ist unstrittig, dass sich Menschen in der Empirie häufig nicht gemäß der Gefangenendilemma-Logik verhalten, sie also kooperieren statt zu defektieren. Allerdings wird hier daraus nicht geschlossen, dass das Modell zur Analyse der Realität nicht oder nur eingeschränkt tauge, weil der Mensch eben kein Homo oeconomicus sei. Hier wird vielmehr geschlossen, dass in der Realität außer den Kräften und Tendenzen der Gefangenendilemma-Logik noch andere, zum Teil gezielt institutionalisierte gegenläufige Anreize wirken, sodass im Ergebnis funktionierende Kooperationen zu beobachten sind. Vielleicht ist die folgende Analogie zu einer naturwissenschaftlichen Erklärung für das Verständnis hilfreich: So wenig man allein mit den Fallgesetzen Galileis empirische Fallbewegungen erklären kann, so wenig kann man allein mit dem Modell des Gefangenendilemmas empirische Interaktionen erklären: Es müssen immer andere Faktoren – zum Beispiel der Luftwiderstand beziehungsweise die Institutionen – als Kräfte in Rechnung gestellt werden, welche die grundlegende Logik modifizieren.

Wenn die experimentelle Wirtschaftsforschung (Fehr/Gächter, 2000; Kagel/Roth, 1995; Schoefer, 2005) das Verhalten von Menschen experimentell untersucht und zu dem Ergebnis kommt, dass sich Menschen vielfach anders als der Homo oeconomicus verhalten, so ist das empirisch sicher richtig. Was die experimentelle Wirtschaftsforschung dabei in Wirklichkeit aber untersucht, ist nicht ein Abstraktum wie „der Mensch“, dem dann bestimmte Eigenschaften wie zum Beispiel reziproker Altruismus attestiert werden. Es sind vielmehr reale Menschen mit bestimmten kulturellen, sozialen und moralischen Vorprägungen – Vorprägungen, die zum Teil gerade zur Überwindung unerwünschter, ruinöser Dilemmastrukturen dienen. Was die Forschung faktisch findet, ist nicht als Widerlegung des Ansatzes mit Dilemmastrukturen zu verstehen, sondern als faktisches Ergebnis von vorherigen, oft über Jahrhunderte eingeübten Bemühungen zur Überwindung dieser Strukturen.

Das mindert keineswegs die Bedeutung der Ergebnisse der experimentellen Wirtschaftsforschung. Deren Ergebnisse sind vielmehr von größter Bedeutung auch für die Ethik: Sie zeigen nämlich, wie stark bestimmte Institutionen – besonders informelle Institutionen wie Moral und Kultur – in einem bestimmten sozialen Kontext (noch) sind und mit welchen Kohäsionskräften Politiker und Manager bei der Gestaltung von Ordnungen und Unternehmen rechnen können.

Wir können abschließend die Eingangsthese dieses Kapitels, wonach das Gefangenendilemma die grundlegende Anatomie aller Interaktionen darstellt, begründen. Das Gefangenendilemma mit dem Zugleich von gemeinsamen und konfligierenden Interessen unter Bedingungen von Interdependenz kommt in der Realität in drei Formen vor, die sämtliche möglichen, für die Ethik relevanten Interaktionen umfassen. Diese drei Formen sind:

- erwünschte manifeste Gefangenendilemmastrukturen auf einer Marktseite, also vor allem der Wettbewerb;
- unerwünschte manifeste Dilemmastrukturen, wie zum Beispiel Armut, Klimawandel oder Arbeitslosigkeit;
- latente Dilemmastrukturen, also solche, die, da sie unerwünscht sind, bis auf weiteres durch funktionierende Institutionen (Recht, Moral, Kultur) in Schach gehalten werden und deswegen phänomenologisch nicht sichtbar sind, die aber, wenn die Institutionen zum Beispiel durch technische und soziale Innovationen wie das Internet ihre Wirksamkeit verlieren, jederzeit wieder aufbrechen können.

4.5 Sinn und Grenze der Ökonomik

Die Ökonomik ist – im Unterschied zur Theologie – eine Einzelwissenschaft. Einzelwissenschaften sind nach moderner Auffassung nicht durch einen Gegenstandsbereich – etwa „die Wirtschaft" – konstituiert, den sie exklusiv bearbeiten, sondern durch eine spezifische Fragestellung. Auf diese Fragestellung allein sind sämtliche Kategorien und Aussagen bezogen. Aussagen, die in den Kontext anderer Fragestellungen gehören, können selbst dann nicht dasselbe meinen, wenn sie dieselben Worte verwenden: Wenn die Theologie über den Menschen redet und die Ökonomik über den Homo oeconomicus, dann handelt es sich um verschiedene Dinge, weil es sich um verschiedene Fragestellungen handelt.

Bevor wir die spezifische Fragestellung der Ökonomik herausarbeiten, sei hier zunächst kurz die Frage nach den Grenzen der Ökonomik erörtert. Wenn Einzelwissenschaften durch spezifische Fragestellungen – und durch Abstraktion, nicht Leugnung von Zusammenhängen, die andere Wissenschaften fokussieren – konstituiert sind, dann sind die Grenzen der Ökonomik dort zu suchen, wo andere legitime Fragestellungen einsetzen. So sind zum Beispiel Fragen nach den letzten Bausteinen der Materie, nach der Struktur des menschlichen Genoms oder nach den Strukturen moderner Lyrik mit der ökonomischen Methode nicht sinnvoll zu bearbeiten.

Um nun die spezifische Fragestellung der Ökonomik herauszuarbeiten, kann man von folgender Definition des ökonomischen Forschungsprogramms ausgehen: „Ökonomik befasst sich mit der Erklärung und Gestaltung der Bedingungen und Folgen von Interaktionen auf der Basis von individuellen Vorteils-/Nachteils-Kalkulationen“ (Homann/ Suchanek, 2005, 347).

Konzentrieren wir uns allein auf die „Interaktionen“: Sie sind allesamt durch Dilemmastrukturen gekennzeichnet. Dies gilt sowohl für den Umgang mit Marktgütern im Wettbewerb – an diesem Fall ist das Homo-oeconomicus-Konstrukt im 19. Jahrhundert entwickelt worden – als auch für den Umgang mit Kollektivgütern, die im 20. Jahrhundert verstärkt untersucht wurden. Der Kern lässt sich so formulieren: In Dilemmastrukturen folgen Menschen den Anreizen – sie können gar nicht anders.

Dagegen wird oft eingewendet, dass es Menschen gibt, die ihren moralischen Verpflichtungen – ihrem Gewissen – auch unter Inkaufnahme schwerer persönlicher Nachteile, ja, sogar des Todes Folge leisten. Doch solche Helden und Heilige, die es zweifellos gibt – und die auch in modernen Gesellschaften eine wichtige Funktion erfüllen (siehe Kapitel 5) –, widerlegen den Ansatz nicht. Dieser beansprucht nämlich gar nicht, die Verhaltensweisen individueller Personen zu erklären oder zu prognostizieren. Ökonomik interessiert sich nicht für den Einzelnen, sondern für die Tendenzen der sozialen Welt oder genauer: für Veränderungstendenzen von Aggregaten wie zum Beispiel Marktpreisen, Wachstumsraten, Investitionsquoten oder Wahlbeteiligungen. Diese Veränderungen auf Aggregatebene leitet die Ökonomik – vgl. die oben genannte Definition – aus den Kalkulationen der einzelnen Entscheidungssubjekte her. In der Fachterminologie heißt das: Ökonomik ist keine Mikrotheorie, sondern eine „mikrofundierte Makrotheorie“ (Zintl, 1989). Sie kann mit dem Standardmenschen Homo oeconomicus arbeiten, weil sie an (Veränderungen von) aggregierten Resultaten interessiert ist, die sich in Dilemmastrukturen systematisch einstellen.

Daher handelt es sich bei der ökonomischen Rekonstruktion der Ethik, die wir vorgestellt haben, nicht um eine Theorie der Genese der Moral, auch nicht um eine vollständige Theorie der Begründung der Moral. Es geht auch nicht um eine Handlungs- oder Aktionstheorie, sondern eher um eine Reaktionstheorie. Außerdem handelt es sich nicht um eine Theorie der Motivation zu moralischem Handeln, sondern eher um eine Art Lerntheorie, deren Grundgedanke lautet, dass Menschen aus schlechten Erfahrungen – also zum Beispiel aus dem Ausgebeutetwerden in Dilemmastrukturen – ihre Schlüsse ziehen und ihr Verhalten dann auf (präventive) Gegendefektion umstellen.

Positiv gesagt geht es bei diesem Modell von Ethik primär um eine Theorie der Implementation von Moral im Alltag moderner Gesellschaften mit marktwirtschaftlicher Ordnung – um eine Theorie der Stabilitätsbedingungen von Moral in der modernen Gesellschaft. Dabei spielen Fragen eine Rolle wie die, ob und wie lange Moral unter den systemischen Bedingungen moderner Gesellschaften im Alltag nachhaltig praktiziert werden kann, besonders unter Bedingungen von Dilemmastrukturen einschließlich Wettbewerb. Die generelle Antwort auf diese konkrete Frage lautet: Moral kann unter diesen Bedingungen dann stabil bleiben und nur dann, wenn sie sich in die Bewegung der Funktionsimperative einfügen kann. Das heißt: Moral muss anreizkompatibel ausgestaltet werden, wenn sie im Wettbewerb bestehen können soll.

Damit muss alle Moral, die im Alltag Bestand haben soll, ein ökonomisches Fundament haben (Wagner-Tsukamoto, 2009). Es ist die zentrale Aufgabe von Institutionen, Moral in der sozialen Welt nachhaltig vorteilhaft zu machen. Entgegen dem Common Sense und mit der Bibel verlangt Moral nicht den Ausstieg aus der ökonomischen Kalkulation, sondern die Verbesserung der ökonomischen Kalkulation in sachlicher, zeitlicher und personaler Dimension.

Es sei hier abschließend darauf hingewiesen, dass die Stabilität von Moral nicht etwas Nebensächliches ist: Eine Moral, die im Alltag unter Normalbedingungen nicht praktiziert werden kann, ist als „Moralismus, also das Gegenteil von Moral“ (Ratzinger, 1986, 58), einzustufen. Insofern gehört die Analyse der Stabilitätsbedingungen der Moral zum Programm der Begründung der Moral dazu.

Das Ende der Individualethik?

Bisher haben wir wegen der universellen Dilemmastrukturen in der modernen Welt eine Ethik betrachtet, die auf Ordnungen bezogen ist: Ordnungsethik. Ähnliche Aussagen wie für diese gelten für eine Ethik der Organisationen und deren Prototyp, den Unternehmen. Da die Problemstrukturen innerhalb von Organisationen und Unternehmen denen in sozialen Ordnungen gleich sind, gehen wir darauf nicht eigens ein.

Offen ist noch die wichtige Frage, welche Rolle die überkommene Ethik, die seit Sokrates über Kant bis in die Gegenwart mit ihren tragenden Kategorien Intentionalität, moralische Motivation und Gewissen paradigmatisch als Individualethik entwickelt wird, in diesem Konzept noch spielen kann. Unsere Antwort lautet: In der modernen Welt mit Marktwirtschaft und Wettbewerb wird grundsätzlich beides gebraucht, die Individualethik und die Ordnungsethik. Die Frage ist nur, wie dieses „und“ – das Verhältnis beider Formen also – genauer zu bestimmen ist.

Wir brauchen die Individualethik besonders an zwei Stellen in komplexen Interaktionsketten: am Anfang und am Ende gewissermaßen.

Am Anfang: Komplexe Interaktionsketten einschließlich der sie lenkenden Ordnungen und Organisationen benötigen als Input normative regulative Ideen, an denen sich Ordnungs- und Organisationsethik orientieren. Statt von regulativen Ideen kann man auch von Visionen, Utopien, Idealen, Prinzipien oder Werten sprechen. Für die abendländisch-christliche Kultur wird man von der Freiheit und Würde des Einzelnen und der Solidarität aller Menschen ausgehen müssen. Solche regulativen Ideen müssen tief im moralischen Bewusstsein verankert sein. Insofern sind moralische Erziehung und Gewissensbildung im Sozialisationsprozess in ihrer Bedeutung gar nicht zu überschätzen. Allerdings ist das nur der Anfang, der Einstieg in den Implementationsprozess. Regulative Ideen geben keine unmittelbaren Handlungsanweisungen. Deshalb muss unter modernen Bedingungen der Prozess der Institutionen- und Organisationenbildung folgen.

Am Ende: Wenn die regulativen Ideen die Ordnung und die Organisation – also die Spielregeln – strukturiert haben, bedarf es bei konkreten Interaktionen – also in den Spielzügen – immer zusätzlich eines Aktes der Urteilskraft, der die konkreten Interaktionen unter die (richtigen) Regeln subsumiert. Hier sind erneut die natürlichen Personen mit ihrer moralischen Sensibilität gefordert: Erkennen sie die moralischen Implikationen? An welchen Werten orientieren sie sich bei der Lösung? Folgen sie vielleicht ihrem Vorgesetzten oder dem Topmanager, der ihnen als Vorbild dient? Werden Vorgesetzter und Topmanager ihrer moralischen Vorbildrolle gerecht?

Wir brauchen damit für eine Ethik, die auf die Strukturen moderner Gesellschaften passt, ein hochdifferenziertes Zusammenspiel von Individualethik und Ordnungsethik (beziehungsweise Organisations- oder Governance-Ethik). Dabei gibt die Ethik auf der personalen Ebene die normative Orientierung vor, die dann unter konkreten Bedingungen nachhaltig umgesetzt werden muss. Orientierung durch personale Ethik funktioniert in diesem System nach Art eines Kompasses, nicht nach Art eines Navigationssystems: Die genauen Wege zur Annäherung an die regulativen Ideen müssen die Entscheidungsträger selbst suchen, erarbeiten und verantworten. Was sie dafür brauchen, ist ein umfassendes Verständnis des gesamten Systems einschließlich seines normativen Sinns, also außer der Kenntnis der Spielzüge und Spielregeln ein geeignetes „Spielverständnis“[1]. Allerdings muss sich die Theologie die Aufgabe der (Weiter-)Entwicklung moralischer Ideale mit der Philosophie, der Literatur und der Kunst teilen. Hier ist auch der systematische Ort für die oben genannten Helden und Heiligen: Sie dienen auch in modernen Gesellschaften als Vorbilder für herausragende moralische Lebensentwürfe – aber nicht als Vorbilder für die unmittelbare Nachfolge, sondern als Heuristiken für die Gestaltung einer anreizkompatiblen sozialen Ordnung.

Die katholische Sozialethik diskutiert seit dem 19. Jahrhundert unter den Leitbegriffen „Reform der Gesinnung“ und „Reform der Zustände“. Sie hat sich dabei schwerpunktmäßig auf die Reform der Zustände konzentriert, dies ist ihr Thema. Das ist unter den Bedingungen moderner Gesellschaften auch richtig, auch wenn es immer wieder – etwa unter dem Diktat von Sparzwängen – Überlegungen gibt, die Sozialethik in katholisch-theologischen Fakultäten wieder der Moraltheologie zuzuschlagen und damit den methodisch gesicherten Zugang zu den Problemstrukturen der modernen Welt zu verlieren. Unter Verwendung dieser Begrifflichkeit lässt sich das Verhältnis von Individualethik und Sozialethik/Institutionenethik auf die folgende Formel bringen: Reform der Zustände aufgrund einer Reform der Gesinnung.

---

1 Als Ergänzung zu der Unterscheidung von Spielzügen und Spielregeln ist dieser Begriff von dem Wirtschaftsethiker Andreas Suchanek in die Debatte gebracht worden.

Christliche Gebote und ihre ökonomische Interpretation

Nach der eingehenden Befassung mit dem theoretischen Verhältnis von Ökonomik und Theologie steht in den zwei folgenden Kapiteln die Komplementarität der beiden Wissenschaften aus Sicht der angewandten Wirtschaftswissenschaften im Mittelpunkt. Dabei wird aus der Perspektive der Ökonomik beschrieben, inwieweit die Theologie und insbesondere Gebote aus der Bibel hilfreich sein können, die beschriebenen Interaktionsprobleme zu lösen. Welche Wege weisen die Zehn Gebote, um Gefangenendilemmata aufzulösen oder präventiv zu vermeiden? Wie und unter welchen Bedingungen können christliche Gebote als Institutionen und allgemeingültige Regelungen eine übergeordnete Norm darstellen und etablieren, welche die Auszahlungsmatrix dahingehend ändert, dass eine individuell wie gesellschaftlich wünschenswerte Situation aus eigennützigen Erwägungen angestrebt wird?

Zur Erörterung dieser Fragen werden im Folgenden individuelle ökonomische Interaktionen im Spannungsfeld zwischen Eigennutzmaximierung und christlichen Geboten eingehend beleuchtet.

6.1 Ökonomische Begründung

Moralische Gebote allgemein und der Dekalog sowie das christliche Liebesgebot insbesondere haben, wie an drei Beispielen konkret gezeigt werden soll, ökonomische Wirkungen. Diese Wirkungen sind ethisch positiv zu werten, weil sie die Wohlstandsposition aller Mitglieder der Gesellschaft nachhaltig fördern. Sie machen allgemein erwünschte Interaktionen, auch Interaktionen auf Märkten, vielfach erst möglich. Sie schaffen die notwendige Verlässlichkeit wechselseitiger Verhaltenserwartungen und Vertrauen und senken Transaktionskosten.

Moralische Gebote erfahren damit eine ökonomische Begründung, die zugleich auch eine ethische Begründung ist, insofern die nachhaltige Besserstellung aller allgemein erwünscht und damit ethisch geboten ist. Moral schafft Vorteile für alle – Vorteile in dem oben genannten weiten Sinn, in dem der herkömmliche ökonomische Vorteilsbegriff in sachlicher, zeitlicher und personaler Dimension erweitert wurde (vgl. Abschnitt 2.3).

In dieser Perspektive erscheint Moral als Explanans, als Erklärungsgrund: Moral erklärt, warum es bei ihrer Beachtung zu einer nachhaltigen Besserstellung aller kommt, und sie erklärt, warum Menschen im Alltag den moralischen Geboten im Prinzip auch folgen können sollen, selbst wenn sie dies nicht immer tun.

Damit die moralischen Gebote diese Wirkung entfalten können, müssen eng verstandene materielle, kurzfristige und egoistische Neigungen und Interessen der Beteiligten – kurz: opportunistische Verhaltensweisen – eingeschränkt oder unterbunden werden. Es gibt im Alten Testament zahlreiche Beispiele für das Fehlverhalten von Menschen, das sich auf Opportunismus zurückführen lässt, beispielsweise den zur Vertreibung aus dem Paradies führenden Diebstahl eines Apfels durch Adam und Eva, die Tötung Abels durch Kain aus niederen Beweggründen, den Betrug Esaus durch Jakob oder den für 20 Silberstücke erfolgten Verkauf Josephs als Sklaven durch seine Brüder (vgl. Wagner-Tsukamoto, 2009). Anhand dieser Beispiele wird deutlich, dass die Verfolgung des Eigeninteresses nicht per se die guten Ergebnisse für die Allgemeinheit hervorbringt, sondern nur unter bestimmten Restriktionen, die dann bei und seit Adam Smith verstärkt die Form formeller Institutionen annehmen müssen).

Wenn sich moralische Gebote durch ihre im weiteren Sinne „ökonomisch“ guten Wirkungen rechtfertigen lassen (Moral als Explanans), dann stellt sich sofort als Anschlussfrage, wie man Moral in der Gesellschaft etablieren und stabilisieren kann. In dieser Perspektive wird Moral dann zum Explanandum, zum Erklärungsgegenstand. Es geht jetzt um die Frage, unter welchen Bedingungen moralische Gebote entstehen und im Alltag von den Menschen befolgt werden. Bei dieser Frage ist auf gravierende Unterschiede zwischen der Bibel, die vor dem Hintergrund vormoderner Gesellschaften argumentiert, und einer modernen Sozial- und Wirtschaftsethik, die sich mit den Bedingungen der globalisierten Welt des 21. Jahrhunderts auseinandersetzen muss, aufmerksam zu machen. Diese Unterschiede müssen tiefgreifende Transformationen in der Ethik nach sich ziehen.

6.2. Das Wirksamwerden moralischer Gebote

Die Adressaten der moralischen Gebote in der Bibel sind, so scheint es, die Einzelnen: Jeder soll die Gebote unmittelbar befolgen. Dieses Modell liegt, wie oben entwickelt wurde (vgl. die Abschnitte 3.1 und 3.2), auch der klassischen philosophischen Ethik von Sokrates über Kant bis in unsere Gegenwart zugrunde. Allerdings hatten wir gezeigt, dass dieses Modell in der modernen Welt mit ihren andersartigen Gesellschaftsstrukturen an dem Systemimperativ Wettbewerb und an dem moralischen Subjektstatus von Organisationen/Unternehmen scheitert. Die Einsicht in moralische Gebote kann unter Bedingungen des Wettbewerbs und – ein weiteres wichtiges Strukturmerkmal moderner Gesellschaften – anonymer Großgesellschaften nur dann zu einer dauerhaften Befolgung im Alltag führen, wenn dieses Verhalten vor der Ausbeutung durch weniger moralische Konkurrenten geschützt ist. Das heißt: Die Gebote müssen anreizkompatibel sein.

Dieses Konzept scheint der Bibel zu widersprechen. Letztere setzt schließlich auf den Einzelnen und damit individualethisch an und verlangt eine Änderung der Handlungsmotive, ökonomisch: der Präferenzen. Ersteres hingegen will die Bedingungen und Restriktionen mithilfe von Institutionen ändern und moralische Gebote im Windschatten des Eigeninteresses als Motiv realisieren. Aus diesem – vermeintlichen – Widerspruch erklären sich zahlreiche wechselseitige Missverständnisse, die das Verhältnis von Ökonomik und Theologie belasten. Aus diesem Grund lohnt es sich, hier genauer hinzusehen.

1. „Die Bibel spielt sich vor dem Hintergrund einer vormodernen, hauptsächlich landwirtschaftlich geprägten Wirtschaftsform ab" (Britton/Sedgwick, 2008, 220). Das Leben der Menschen vollzog sich damals in kleinen, überschaubaren Gruppen der Großfamilie, des Dorfes, des Stammes, also in Face-to-Face- oder größeren Primärgruppen und innerhalb eines kleinen regionalen Rahmens mit einer engmaschigen, lückenlosen, informellen sozialen Kontrolle im Alltag. In der anonymen Großgesellschaft mit Marktwirtschaft muss die informelle soziale Kontrolle zunehmend durch formelle Kontrollen (Recht) in Verbindung mit dem Kontrollmechanismus Wettbewerb und der Selbstkontrolle entlang den eigenen Anreizen ergänzt oder ersetzt werden. Diese Perspektive führt zu der Einsicht, dass moralische Gebote auch in vormodernen Gesellschaften nicht aufgrund „intrinsischer" Motive befolgt wurden, sondern aufgrund von Sanktionen, die allerdings überwiegend informeller Natur – und eher härter als die modernen – waren. Allerdings geben die Texte darüber kaum explizit Auskunft. Der Unterschied ist in diesem Punkt nicht so groß, wie er scheint. Es werden lediglich die informellen Kontrollen und Sanktionen zugunsten formeller zurückgenommen.

2. Was die Vormoderne definitiv nicht kannte, ist der Systemimperativ Wettbewerb. Im Gegenteil: Viele informelle und formelle Institutionen dienten der Unterbindung des – unter Knappheitsbedingungen quasi „natürlichen" – Wettbewerbs. Das gilt bis hin zum Zunftwesen, das erst im 19. Jahrhundert abgeschafft wurde. Mit dem Wettbewerb handelt sich die moderne Marktwirtschaft gravierende und neue Probleme für die Stabilität von Moral beziehungsweise die Implementationschancen für moralische Gebote ein. Moral bedarf jetzt der Stützung durch formelle Institutionen, auch wenn aus oben dargelegten Gründen auf informelle individualethische Inputs nicht verzichtet werden kann (vgl. Kapitel 5). Ohne formelle Institutionalisierung oder Organisierung kann Moral im Wettbewerb nicht überleben.

   Wie in Abschnitt 3.1 gezeigt, ergibt sich aus der Logik des Wettbewerbs für die Akteure die Notwendigkeit, präventiv möglichst viele Ressourcen – auch Gewinne – anzusammeln. Also müssen sie sich im Wettbewerb (= Gefangenendilemma) wie Homines oeconomici verhalten, auch wenn sie im Grunde moralisch gesinnt sind (vgl. Abschnitt 4.3, Punkt 4). Daher ist der Homo oeconomicus weder ein empirisches noch ein pessimistisches oder verkürztes Menschenbild: Er ist überhaupt kein Menschenbild, sondern ein Theoriekonstrukt zur Abschätzung der aggregierten Ergebnisse von Interaktionen unter den generellen Dilemmastrukturen von Wettbewerb.

Daher besteht zwischen dem Menschenbild der Theologie und dem Homo-oeconomicus-Konstrukt der Ökonomik auch kein Widerspruch. Wie bereits Karl Marx deutlich sah, müssen sich auch moralisch gesinnte Unternehmer in ihrem Handeln über kurz oder lang der Wettbewerbslogik beugen, da sie andernfalls ihren Ruin befördern.

Weil in modernen Marktwirtschaften der Wettbewerb aus letztlich ethischen Gründen als Systemimperativ fungiert, was vormodern – ebenfalls aus ethischen Gründen – eher vermieden wurde, muss sich der Fokus der Ethik für moderne Gesellschaften auf die formellen Institutionen verschieben. Das muss nicht zu einem Widerspruch gegenüber dem eher individualethischen Argumentationsduktus mit seinen impliziten informellen sozialen Kontrollen führen.

3. Vormoderne Gesellschaften kannten – unter anderem wegen des Fehlens von Marktwettbewerb – kein gesamtwirtschaftliches Wachstum. Gerechtigkeit war deshalb ein Problem primär der gerechten Verteilung eines gegebenen, fixen Kuchens. Erst mit der Ausbreitung der modernen Marktwirtschaft setzt um 1820 nennenswertes Wachstum ein – mit der Folge, dass jetzt Reiche und Arme gleichzeitig bessergestellt werden können, was jenseits des Horizonts der Bibel und der Erzählung vom Heiligen Martin (vgl. Abschnitt 3.1) liegt. Wir müssen auch diesen fundamentalen Unterschied im Blick behalten, wenn wir die Gebote der Bibel auf moderne Gesellschaften anwenden wollen. Marktwirtschaften lösen Verteilungsprobleme primär – keineswegs ausschließlich – durch Induzierung von Wachstum. Sie haben durch diese Strategie trotz gewaltiger Bevölkerungszunahme zu einer enormen Steigerung des Pro-Kopf-Einkommens und zu einer größeren Angleichung der Einkommen geführt, als dies vormoderne Gesellschaften geschafft haben. Daher legen wir – anders als der öffentliche Diskurs und weite Teile der theologischen Sozialethik – im Folgenden den Akzent auf die Wirkung moralischer Gebote auf das Wachstum beziehungsweise die Effizienz, also auf die Vergrößerung des Kuchens statt auf dessen vermeintlich gerechte Verteilung.

4. Damit hängt ein weiterer Unterschied zwischen vormodernen und modernen Gesellschaften zusammen. In der Bibel nimmt, wie viele Stellen und Beispiele zeigen, das Gebot der Mildtätigkeit eine prominente Stellung ein. Das war eine Neuerung, die gravierende gesellschaftliche Folgen nach sich zog. Die Prominenz der Mild-

tätigkeit erklärt sich daraus, dass es zu der Zeit so etwas wie staatlich organisierte Transfersysteme nicht gab. Das ist heute anders, sodass die Tugend der Mildtätigkeit relativ an Bedeutung verloren hat. Aber nicht, weil die Menschen egoistischer geworden wären, sondern weil viele Probleme, die vormodern die Mildtätigkeit des Einzelnen forderten, jetzt durch staatliche Transfersysteme bearbeitet werden. Für die Bedürftigen hat das den zusätzlichen Vorteil, dass sie jetzt auf die Sozialleistungen einen Rechtsanspruch haben und nicht mehr nur auf die Moral ihrer Umgebung angewiesen sind.

Es werden im Folgenden drei prominente biblische Regeln, die originär an Individuen adressiert scheinen, auf ihren Beitrag zur Vergrößerung des Kuchens, das heißt zur Verbesserung der Lage der Allgemeinheit untersucht. Im Kern geht es bei diesen drei Regeln – und bei anderen Regeln, auf die wir hier nicht eingehen können – immer darum, unerwünschte Gefangenendilemmata zu überwinden und dadurch allgemein produktive Interaktionen zu ermöglichen. Was es in der Bibel allerdings nicht gibt, ist eine Befürwortung der Etablierung von Dilemmastrukturen in Form des Wettbewerbs. Wohl nicht zuletzt deswegen tut sich die Theologie bis heute schwer damit, den „scharfen Wettbewerb“ ethisch zu rechtfertigen. Die einzige uns bekannte Ausnahme unter den kirchlichen Dokumenten bildet die Denkschrift „Unternehmerisches Handeln in evangelischer Perspektive“ (EKD, 2008, Ziff. 43), aus der das obige Zitat stammt.

6.3 Sicherung der Eigentumsrechte oder „Du sollst nicht stehlen“

Das Verbot einer Aneignung von in Fremdbesitz befindlichen Gütern findet sich an zahlreichen Stellen der Bibel. An vielleicht bekanntester Stelle ist es im Dekalog in Form des siebten Gebots aufgeführt (Exodus 20:15). Aus heutiger Sicht interpretiert ist Diebstahl definitionsgemäß eine gegen fremdes Eigentum gerichtete Straftat. Eigentum wiederum ist definiert als die Verfügungsgewalt über eine Sache auf rechtsverbindlicher Grundlage. Wenn das siebte Gebot folglich eine gegen fremdes Eigentum gerichtete Straftat untersagt, so setzt es die Vergabe von Eigentumsrechten voraus, denn nur in dem Fall, in dem vorher überhaupt ein Eigentumsrecht zugewiesen wurde, kann der Tatbestand einer widerrechtlichen Aneignung auftreten. Das Verbot des Stehlens impliziert somit die moralische Anerkennung des Rechts auf Eigentum bis hin zur exklusiven – wenn auch nicht unbeschränkten – Verfügungsgewalt über eine Sache. Zwar findet das siebte Gebot prinzipiell auch in einer auf Kollektiveigentum basierenden Gesellschaftsform Anwendung. Seine Anwendungsbereiche sind aber unter anderem im neunten („Lass dich nicht gelüsten deines Nächsten Hauses“) und zehnten Gebot („Lass dich nicht gelüsten deines Nächsten Weibes, noch seines Knechtes noch seiner Magd, noch seines Ochsen noch seines Esels, noch alles, was dein Nächster hat“) für die materielle und sogar interpersonelle Sphäre konkretisiert. Das zeigt, dass das siebte Gebot insbesondere einen Schutzmechanismus für individuelle Eigentumsrechte intendiert. Da eine mögliche Verletzung individueller Eigentumsrechte die vorherige Existenz eben solcher Rechte voraussetzt, ist an dieser Stelle somit faktisch die Anerkennung der Institution des Privateigentums verankert.

Die ökonomische Literatur in der Tradition der Freiburger Schule um Eucken, aber auch die neueren, institutionenökonomischen Ansätze zeigen wiederum, dass durchsetzbare Eigentums- und Verfügungsrechte zwingend notwendig sind, um ein unter allokativen Aspekten bestmögliches Ergebnis zu erzielen. Das folgende Beispiel konkretisiert die ökonomischen Implikationen einer Befolgung des siebten Gebots in Form einer formalen Darstellung.

Eine formal-ökonomische Interpretation des Gebots „Du sollst nicht stehlen“

Übersicht 1

Ein Individuum A produziert ein Gut x_1 zu Kosten von $C^A[x_1]$, ein Individuum B analog ein Gut x_2 zu Kosten von $C^B[x_2]$. Die Individuen ziehen aus dem Konsum beider Güter abzüglich ihrer Kosten einen Nutzen von $U^A[x_1^A, x_2^A] - C^A[x_1]$ beziehungsweise $U^B[x_1^B, x_2^B] - C^B[x_2]$. Die für beide Individuen bestmögliche Güterversorgung, das heißt das ökonomische Referenzoptimum, ist dadurch gekennzeichnet, dass zum einen keine Ressourcen verschwendet werden, folglich $x_i = x_i^A + x_i^B;\ i = 1,2$ gilt, und dass ein Individuum nicht durch eine andere Aufteilung der Güter bessergestellt werden kann, ohne dass das andere Individuum simultan schlechtergestellt wird. Ein derartiges Referenzoptimum ist unter anderem durch die Optimalitätsbedingungen $\frac{\partial U^A}{\partial x_1} = \frac{\partial C^A[x_1^A + x_1^B]}{\partial x_1}$ und $\frac{\partial U^B}{\partial x_2} = \frac{\partial C^B[x_2^A + x_2^B]}{\partial x_2}$ gekennzeichnet (Breyer/Kolmar, 2005). Im gesamtwirtschaftlichen Optimum sollte ein Individuum folglich so lange produzieren, bis der zusätzliche Nutzen einer weiteren Einheit gerade noch deren zusätzliche Kosten abdeckt. Unter einer durchgesetzten Eigentumsordnung werden die Individuen dieses gesellschaftliche Optimum auch tatsächlich erreichen, zum Beispiel wenn die Individuen ihre produzierten Güter bilateral freiwillig tauschen.

Ohne eine Eigentumsordnung resultieren hingegen Fehlanreize, wie das Beispiel einer anarchischen respektive Eigentumsrechte nicht durchsetzenden Wirtschaftsordnung verdeutlicht. In einer solchen Situation wird die Aufteilung der Gesamtproduktion mittels Gewaltanwendung oder nicht sanktioniertem Diebstahl determiniert. Exemplarisch sei es Individuum A möglich, sich einen Anteil $0 < \alpha < 1$ der gesamten produzierten Güter zu sichern, Individuum B kann sich dann entsprechend einen Teil $1-\alpha$ aneignen. Bei der Produktionsfestlegung steht nun Individuum A vor der Entscheidung, seinen Nutzen $U^A\left[\alpha\left(x_1^A + x_1^B\right), \alpha\left(x_2^A + x_2^B\right)\right] - C^A\left[x_1^A + x_1^B\right]$ über die Wahl der von ihm produzierten Gütermenge x_1 zu maximieren. Für Individuum B resultiert ein analoges Kalkül. Die Individuen A beziehungsweise B werden ihre produzierten Gesamtmengen x_1 beziehungsweise x_2 in dieser Situation so wählen, dass die Bedingungen $\alpha \frac{\partial U^A}{\partial x_1}\left[\alpha\left(x_1^A + x_1^B\right), \alpha\left(x_2^A + x_2^B\right)\right] = \frac{\partial C^A}{\partial x_1}\left[x_1^A + x_1^B\right]$ beziehungsweise $(1-\alpha)\frac{\partial U^B}{\partial x_2}\left[(1-\alpha)\left(x_1^A + x_1^B\right), (1-\alpha)\left(x_2^A + x_2^B\right)\right] = \frac{\partial C^B}{\partial x_2}\left[x_2^A + x_2^B\right]$ erfüllt werden. Ein Vergleich mit den gesamtwirtschaftlichen Optimalitätsbedingungen zeigt unmittelbar, dass die resultierende Allokation nicht effizient ist, da zu geringe Gütermengen produziert werden. Die Ursache hierfür ist, dass alle Individuen zutreffend berücksichtigen, dass sie zwar die gesamten Kosten der individuellen Produktion tragen, infolge des anarchischen Verteilungskampfs jedoch nur einen Teil der zugehörigen Erträge erhalten werden. Eine formal-ökonomische Interpretation des Gebots „Du sollst nicht stehlen“ lautet daher: Respektiere die Institution des Eigentums und vergrößere deinen Nutzen nicht durch Aneignung von im Fremdbesitz befindlichen Ressourcen!

Eigene Zusammenstellung

Der entscheidende Vorzug einer allgemein respektierten Eigentumsordnung besteht darin, dass sie den Eigentümer zu schonendem und sparsamem Gebrauch von Gütern und zur Schaffung neuer Güter motiviert. Antizipieren Individuen hingegen, dass andere Individuen ihnen die eigenhändig produzierten Güter ungestraft wegnehmen können, so erfolgt aus Sicht der Gesellschaft eine mitunter gravierende Unterversorgung mit Gütern: Wer wird säen, wenn andere einem bei der Ernte zuvorkommen?

Eben dies kann auch als das essenzielle Problem des Sozialismus und vergleichbarer Gesellschaftsordnungen, die individuelle Eigentumsrechte ablehnen (Gemein- oder Staatseigentum), angesehen werden. Wenn jeder einen bestimmten Anteil der Produktion einer Volkswirtschaft erhält, unabhängig davon, wie viel er selber dazu beigetragen hat, so generiert dies für die Individuen nur eine unzureichende Motivation zum Sparen, Erfinden, Lernen, Investieren oder Arbeiten allgemein. In der Folge wird aus Sicht der Gesellschaft zu wenig und/oder in einer unzureichenden Qualität produziert, woraus eine suboptimale Güterversorgung für die Individuen resultiert.

Im vergleichbaren Fall a priori nicht definierter Eigentumsrechte (Anarchie) gibt es für die Individuen darüber hinaus nachteilig wirkende Übernutzungsanreize kollektiver Ressourcen, wie die Tragik der Allmende – eines im Besitz einer Dorfgemeinschaft befindlichen Grundeigentums – verdeutlicht (Hardin, 1968). Anhand des Gefangenendilemmas (vgl. Abschnitt 4.2) wurde diese Tragik an den Beispielen der Fischereigründe und des Klimawandels veranschaulicht. Im klassischen Beispiel versucht jeder Bauer, durch die Nutzung der Allmende als Weidegrund für sich so viel Ertrag wie möglich zu erwirtschaften. Da jedoch sämtliche Bauern diese Strategie einer aus ihrer persönlichen Sicht nahezu kostenlosen Nutzung der Allmende anwenden, reicht deren Kapazität nicht mehr für alle. Die tatsächlichen Kosten, die durch diese Art der Übernutzung entstehen, tragen hingegen die Mitglieder der Gemeinschaft, also alle Bauern gemeinsam. Für jeden einzelnen Bauern ist der augenblickliche individuelle Gewinn wesentlich höher als die erst langfristig spürbaren sozialen Kosten. Oder anders und näher an Alltagserfahrungen formuliert: Wenn sich ein Bauer um des Gemeinwohls willen zurückhielte, würde sein moralisches Verhalten von den weniger moralischen Bauern ausgebeutet, indem sie noch mehr Vieh auf die Allmende trieben. Seine einzige Gegenwehr besteht darin, sich nicht zurückzuhalten, und keine Ethik kann ihm verübeln, wenn er sich gegen die drohende Ausbeutung seiner Moral zur Wehr setzt. Eine Zuordnung exklusiver Nutzungsrechte würde hingegen zu einer effizienten Allokation führen, wie auch das folgende Beispiel aus der Realität zeigt. In vielen afrikanischen Ländern sind die lokalen Wildtierbestände infolge von Wilderei übermäßig dezimiert worden. Die zutreffende Erkenntnis diverser Umweltschutzorganisationen bezüglich dieses Umstands lautete: „Without secure ownership, or exclusive access rights, there is little incentive for local people to invest in the long term sustainability of the wildlife resource – far better to exploit it while it is there and before others do the same“ (Roe, 2008). Wenngleich auf den ersten Blick verwirrend, wurden die Tiere de facto den Wilderern geschenkt. Im Zuge dieser Erkenntnis wurden vielerorts exklusive Nutzungsrechte an die lokale Bevölkerung vergeben, sodass diese nun selbstständig über Abschussquoten und resultierende Handelsmengen zum Beispiel an Elfenbein und Tierfellen entscheiden kann. Als Konsequenz dieser Maßnahme haben sich die Wildbestände spürbar erholt, da mit der Vergabe von Eigentumsrechten auch ein Anreiz zu einer schonenden, langfristig orientierten Nutzung einherging. Der Übergang von kollektiven respektive nicht zugewiesenen zu individuellen respektive exklusiven Eigentums- und Nutzungsrechten hat somit zu einem gesellschaftlich wünschenswerten effizienten Ressourcenumgang geführt.

In der Bibel taucht die Tragik der Allmende exemplarisch in Genesis 13:8-15 auf. Dort führt die Tatsache, dass Abraham und Lot ihre jeweiligen Rinder- und Schafherden auf denselben Weidegründen grasen ließen, zu Problemen der Übernutzung, denn „das Land konnte es nicht ertragen, dass sie beieinander wohnten; denn ihre Habe war groß, und [sie] konnten nicht beieinander wohnen. Und es war immer Zank zwischen den Hirten über Abra[ha]ms Vieh und zwischen den Hirten über Lots Vieh." Eine Lösung erfolgte durch die Vereinbarung disjunkter Nutzungsrechte für einzelne Teilgebiete, in deren Folge Lot die Ebene des Jordangebiets exklusiv beweiden durfte. Eigentums- beziehungsweise exklusive Nutzungs- und Verfügungsrechte stellen eine Voraussetzung für ökonomische Effizienz dar. Die ungeklärte Eigentumssituation nach der deutschen Wiedervereinigung hat beispielsweise auch für Verzögerungen beim Aufbau Ost gesorgt.

Insbesondere im Neuen Testament finden sich zwar auch kritische Aussagen zum Thema Besitz und Reichtum. Exemplarisch spricht jedoch die oft zitierte Aussage Jesu, man könne „nicht Gott samt dem Mammon dienen" (Lukas 16:13), keineswegs der Institution des Privateigentums die Legitimation ab, sondern mahnt vielmehr die Menschen, Geld und materielle Güter nicht als Selbstzweck und höchstes Lebensziel anzusehen, da dieses etwa dem christlichen Gebot der Mildtätigkeit und mithin einer christlichen Lebensweise widerspräche. Britton und Sedgwick (2008, 190) kommen in diesem Zusammenhang zu dem pragmatischen Ergebnis: „In der Moderne haben die meisten Christen Eigentumsrechte verteidigt, während sie gleichzeitig – vielleicht – darauf drängten, dass diese Rechte mit Milde durchgesetzt werden sollten." Für die christliche Praxis wird somit keineswegs die Institution des Privateigentums infrage gestellt, sondern vielmehr auch eine im Sinne des Gemeinwohls mildtätige Verteilung der Erträge aus dessen Nutzung angemahnt. Nicht zuletzt solchen Gedanken entspringt die Ausgestaltung der Sozialen Marktwirtschaft, wobei eine Mindestsicherung durchaus auch von einem eigennutzorientierten Menschen befürwortet werden kann, selbst wenn er selber diese voraussichtlich nicht beanspruchen wird. Denn sie verhindert zum einen sozialen Unfrieden und zum anderen fördert sie Wagemut und Unternehmergeist, da man bei einem Scheitern im Markt durch die Gesellschaft aufgefangen wird.

6.4 Informationsasymmetrie oder „Ihr sollt nicht lügen und nicht trüglich handeln einer gegen den anderen"

Die inzwischen sehr umfangreiche Literatur der Informationsökonomie behandelt die Frage, wie ökonomische Interaktionen von der Möglichkeit beeinflusst werden, dass Individuen relevante Informationen aus strategisch-opportunistischen Gründen nicht wahrheitsgemäß weitergeben oder private Informationen zur Verfolgung eines wirtschaftlichen Vorteils missbrauchen können. Gibt man beispielsweise eine defekte Waschmaschine zur Reparatur in eine Werkstatt, so ist davon auszugehen, dass der Monteur im Vergleich zum Kunden deutlich besser einschätzen kann, welche Reparaturmaßnahmen tatsächlich notwendig sind. Ersterer hat somit die Möglichkeit, seinen Informationsvorsprung opportunistisch auszunutzen, indem er mehr Reparaturmaßnahmen als nötig durchführt. Es droht in der Folge die Gefahr, dass der Kunde aus Angst vor einer überhöhten Rechnung auf die Reparatur verzichtet, obwohl diese unter Wirtschaftlichkeitsaspekten sinnvoller wäre als der Kauf eines Neugeräts.

Die Informationsökonomie liefert zahlreiche Beispiele für derartige Prinzipal-Agent-Probleme und das daraus entstehende Marktversagen (Schweizer, 1999). Diese Probleme sind – abstrakt formuliert – dadurch gekennzeichnet, dass ein Auftraggeber, hier der Kunde (Prinzipal), in einer bestimmten Situation über weniger oder schlechtere Informationen verfügt als der Auftragnehmer, hier der Monteur (Agent). Im Fall verborgener Eigenschaften treten Probleme dadurch auf, dass der Prinzipal bestimmte unveränderliche oder nicht mehr kostenlos veränderbare Eigenschaften des Agenten oder der von ihm angebotenen Güter und Dienstleistungen nicht kennt, er also die Qualität der angebotenen Leistung nicht genau beurteilen kann. Da der Agent dem Prinzipal falsche Tatsachen vorspiegeln kann, besteht die Gefahr, dass es zu „adverser Selektion" (nachteiliger Auswahl) kommt, dass also systematisch unerwünschte Vertragspartner ausgewählt werden. Das zeigt das folgende Beispiel.

Eine ökonomische Interpretation des Gebots „Ihr sollt nicht lügen und nicht trüglich handeln einer gegen den anderen"

Übersicht 2

Wer als Laie einen Gebrauchtwagen kaufen möchte, steht in der Regel vor dem Problem, dass man den technischen Zustand eines fremden Autos nicht genau beurteilen kann. Der Verkäufer hingegen ist besser informiert, verfügt er doch typischerweise sowohl über das technische Fachwissen als auch über weitere relevante Informationen – zum Beispiel zu Vorschäden, bisherigen Reparaturen oder zur Anzahl der Vorbesitzer –, um den tatsächlichen Wert des Fahrzeugs zu kennen

(Pindyck/Rubinfeld, 2005, 801 ff.). In einem konkreten Beispiel sei erfahrungsgemäß die eine Hälfte aller Gebrauchtwagen von guter, die andere Hälfte von schlechter Qualität. Die Zahlungsbereitschaft potenzieller Käufer betrage bis zu 2.400 Euro für ein gutes und bis zu 1.200 Euro für ein schlechtes Auto. Potenzielle Verkäufer seien hingegen bereit, gute Autos für mindestens 2.000 Euro und schlechte Autos für mindestens 1.000 Euro zu verkaufen.

Würden Verkäufer die Qualität ihrer Autos wahrheitsgemäß angeben oder Käufer alternativ deren tatsächliche Qualität verifizieren können, so würden schlechte Autos für einen Preis zwischen 1.000 und 1.200 Euro, gute hingegen für einen Preis zwischen 2.000 und 2.400 Euro den Besitzer wechseln. Wenn Käufer hingegen die Qualität nicht verifizieren können und damit rechnen müssen, dass die Verkäufer ihnen gegenüber die Qualität nicht wahrheitsgemäß angeben, so müssen die Käufer die Produktqualität auf Basis von Erfahrungswerten einschätzen. Bei einer Wahrscheinlichkeit von jeweils 50 Prozent, eine gute beziehungsweise schlechte Qualität zu erhalten, ist ein Käufer wohl nicht bereit, mehr als den aus seiner Sicht erwarteten Wert eines Autos in Höhe von 0,5 · 1.200 + 0,5 · 2.400 = 1.800 Euro zu bezahlen, da er die tatsächliche Qualität zum Zeitpunkt des Kaufs nicht zutreffend beurteilen kann. Zu einem Preis von 1.800 Euro ist jedoch kein Verkäufer eines guten Autos bereit, sich von diesem zu trennen, sodass am Ende nur noch schlechte Gebrauchtwagen angeboten werden. Da die Käufer jedoch antizipieren, dass sie auf dem Markt für Gebrauchtwagen lediglich Autos schlechter Qualität erhalten, sind sie verständlicherweise nicht bereit, einen Preis in Höhe von 1.800 Euro zu bezahlen, sondern lediglich einen Preis zwischen 1.000 und 1.200 Euro. Auf dem Markt für Gebrauchtwagen werden in der Folge nur noch die Autos schlechter Qualität gehandelt, obwohl es für alle Beteiligten wünschenswert und ökonomisch sinnvoll wäre, schlechte Autos zu einem niedrigen und gute Autos zu einem hohen Preis zu handeln.

Liegt asymmetrisch verteilte Information vor und verhalten sich die Individuen opportunistisch – was sie unter Wettbewerbsbedingungen tun müssen –, so verdrängen Produkte von minderer Qualität hochwertige Produkte vom Markt mit der Konsequenz, dass der Marktmechanismus versagt, zum Schaden der gesamten Gesellschaft. Eine formal-ökonomische Interpretation des Gebots „Ihr sollt nicht lügen und nicht trüglich handeln einer gegen den anderen" lautet daher in unserem Fall: Lege deine im Rahmen ökonomischer Interaktionen relevanten privaten Informationen wahrheitsgemäß offen und verschaffe dir durch Lügen keinen wirtschaftlichen Vorteil!

Eigene Zusammenstellung

In diesem Beispiel, das auf den Nobelpreisträger George Akerlof zurückgeht (Akerlof, 1970), existieren zwar Möglichkeiten, ein aus asymmetrischer Informationsverteilung resultierendes Marktversagen abzumildern. Man könnte beispielsweise einen unabhängigen Gutachter damit beauftragen, den Wert des Autos zu eruieren. Jedoch müssen dafür zusätzliche zeitliche und/oder materielle Ressourcen aufgewendet werden. Ebenfalls könnte man die Aktionen des Waschmaschinenmonteurs – zumindest theoretisch – überwachen (lassen), jedoch würden auch hierbei Kosten anfallen, die den Wert des Schadens in der Regel überträfen. Sämtliche Lösungsmöglichkeiten zur Beseitigung oder Abmilderung einer Informationsasymmetrie – von der verbesserten Informationsbereitstellung vonseiten der Anbieter („Signaling") über die intensivere Informationssuche vonseiten der Nachfrager („Screening") bis hin zu einem staatlichen Eingriff (gesetzliche Garantievorschriften) – bedingen also mitunter substanzielle Transaktionskosten. Diese können einen prinzipiell wünschenswerten Handel verhindern. Würden die Gebrauchtwagenanbieter das achte der Zehn Gebote befolgen und sinngemäß die Qualität ihrer Autos wahrheitsgetreu offenbaren, so könnten sowohl die Käufer als auch die Verkäufer von Produkten hoher Qualität bessergestellt werden, ohne dass sich die Käufer und Verkäufer von Produkten geringer Qualität verschlechtern würden.

Asymmetrisch zwischen Individuen verteilte Information bezüglich ökonomisch relevanter Sachverhalte kann also zu einem Versagen des Marktmechanismus führen, wenn Individuen diese Informationen opportunistisch-strategisch verwenden. Ein wahrheitsgemäßer Umgang mit Informationen und die damit verbundene Abwehr der Gefahr opportunistischen Verhaltens, wie sie das christliche Gebot (Levitikus 19:11) fordert, haben in diesen Fällen unmittelbar positive Effekte. Ein biblisches Paradebeispiel für strategisch-opportunistisches Verhalten stellt die in der Genesis agierende Person Jakobs dar, der von Wagner-Tsukamoto (2009, 116) zutreffend wie folgt charakterisiert wird: „By acting as an economic man in the extreme, showing high degrees of opportunism, predation and guile, he uncovered ways to disadvantage contracting partners." Jakobs opportunistisch-strategisches Verhalten wird in der Folge jedoch dadurch konterkariert, dass seine Mitmenschen – exemplarisch Laban, der sich nicht systematisch ausbeuten lassen möchte – sein eigennutzorientiertes Verhalten übernehmen (Gegendefektion) und ihrerseits Strategien des Lugs anwenden, sodass sich langfristig alle Individuen verschlechtern. Mithin ist dies ein weiteres Beispiel für ein Gefangenendilemma.

Dass sich eine asymmetrische Verteilung ökonomisch relevanter Informationen zu einer Gefahr für die gesamte Gesellschaft entwickeln kann, zeigt sich insbesondere anhand der aktuellen internationalen Finanzmarktkrise. Diese Krise wurde – vereinfacht formuliert – dadurch ausgelöst, dass schlechte, mit hohem Risiko behaftete US-amerikanische Finanztitel zu überhöhten Preisen angeboten wurden und die tatsächliche Qualität der Produkte weder von deren Verkäufern noch von den internationalen Rating-Agenturen, welche die Fähigkeit der Qualitätsbeurteilung von Finanzprodukten für sich reklamierten, ansatzweise zutreffend angegeben wurde. Die auf die Informationen der Verkäufer und der Rating-Agenturen vertrauenden Käufer, welche die Qualität der komplex strukturierten Produkte nicht ausreichend beurteilen konnten, hatten laut Internationalem Währungsfonds bereits bis Oktober 2008 Verluste von insgesamt mindestens 1,4 Billionen US-Dollar zu tragen (IMF, 2008), was ungefähr der Hälfte des gesamten in Deutschland jährlich erwirtschafteten Bruttoinlandsprodukts entspricht. Der hierdurch ausgelöste Vertrauensverlust bezüglich des Finanzsystems schadet der gesamten Gesellschaft in dramatischer Weise. Analog zu dem abstrakten Ergebnis aus Übersicht 2, wonach durch eine nicht wahrheitsgemäße Informationsweitergabe durch die Verkäufer schlechter Autos letztendlich die Verkäufer guter Autos aus dem Markt gedrängt werden, sind auf dem Finanzmarkt aktuell eben insbesondere die unter ökonomischen Aspekten guten Kreditnehmer betroffen. So leiden momentan mittelständische Unternehmen in der Breite unter der Tatsache, dass Banken in Antizipation vermeintlich generell schlechter Risiken Kredite nur noch zu derart schlechten Konditionen vergeben, dass es sich für solide Unternehmen mit einer guten Risikostruktur nicht mehr lohnt, diese Kredite nachzufragen.

Ein ähnliches Problem asymmetrisch verteilter Information in Verbindung mit der Gefahr opportunistischer Informationsenthüllung liegt auf Versicherungsmärkten vor. Wenn Versicherungen nicht beurteilen können, welches individuelle Risiko die Versicherten darstellen und davon ausgehen, dass Individuen zur Reduzierung ihrer individuellen Beiträge Vorerkrankungen verschweigen, können sie keine dem wahren individuellen Risiko entsprechenden Krankenversicherungsverträge anbieten. Ein wesentlicher Bestandteil informationsökonomischer Lösungsansätze liegt darin, die Bedingung der individuellen Anreizkompatibilität der wahrheitsgemäßen Offenlegung der individuellen Risiken zu berücksichtigen (Fudenberg/Tirole, 1991, 246 ff.). Nur dann, wenn ein Individuum sich durch keine andere Strategie als durch die wahrheitsgemäße Enthüllung seiner privaten Information besserstellt, ist die Voraussetzung für das Funktionieren des Marktes gegeben. Eine Lösung lässt sich unter Umständen über eine entsprechende Vertragsgestaltung mit Selbstselektion erreichen. Hierbei bietet der Prinzipal verschiedene Verträge an, sodass für die unterschiedlichen Typen individueller Risiken jeweils nur ein Vertrag optimal ist. Anders formuliert: Ein Individuum darf sich durch Annahme des nicht für ihn gedachten Vertrags nicht gegenüber dem für seinen Typ gedachten Vertragsangebot verbessern können. Beispiele sind Versicherungsverträge mit unterschiedlich hohen Selbstbeteiligungen. Schlechte Risiken wählen den in der Regel wesentlich teureren Tarif ohne Selbstbeteiligung, da sie auf Basis ihres wahren Risikos einen Schadensfall und ergo das Eintreten der Versicherungsleistung für vergleichsweise wahrscheinlich erachten. Gute Risiken akzeptieren hingegen eine höhere Selbstbeteiligung bei niedrigeren Beiträgen. Bei der Lösung dieses informationsökonomischen Problems über einen Selbstselektionsmechanismus fallen jedoch notwendigerweise sogenannte Informationsrenten an. Das sind Kosten, die nur aufgrund des

Vorhandenseins privater und für den opportunistischen Gebrauch verwendbarer Information entstehen. In der Folge kann unter Umständen ein vollständiges Versagen des Marktes verhindert werden, auch wenn eine substanzielle ökonomische Ineffizienz in jedem Fall erhalten bleibt. Wiederum gilt, dass die für die Gesellschaft bestmögliche Lösung nur dann erreicht werden kann, wenn die Individuen wahrheitsgemäße Angaben tätigen und entsprechend das christliche Gebot „Ihr sollt nicht lügen und nicht trüglich handeln einer gegen den anderen“ befolgen.

Zusammenfassend verhindert asymmetrisch verteilte Information – genauer gesagt der strategisch-opportunistische Umgang mit privater Information – gesamtwirtschaftlich vorteilhafte Vertragsbeziehungen zwischen Individuen. Oft kommt ein bestenfalls schlechter oder sogar überhaupt kein Vertrag zustande. Ökonomisch sinnvolle Interaktionen werden also aufgrund der Gefahr unwahrheitsgemäßer Informationsoffenlegung unterlassen. Im besten Fall geht die Lösung informationsökonomischer Probleme mit substanziellen Transaktionskosten einher. Ökonomisch interpretiert ermahnt das Verbot des Lügens die Akteure also dazu, die aus der asymmetrischen Informationsverteilung resultierenden diskretionären Spielräume nicht zu ihrem privaten Vorteil zu missbrauchen. Würden die Individuen ihre Informationen wahrheitsgemäß offenlegen, so würde dies entsprechend zu einem gesamtwirtschaftlichen Wohlfahrtsgewinn führen. Diese Strategie ist somit kollektiv – im Sinne der Gemeinschaft – rational. Die individuelle Rationalität eines auf reine Eigennutzmaximierung bedachten Homo oeconomicus würde ihre Befolgung jedoch dahingehend verletzen, dass ein solches Individuum selbst in einer Situation, in der alle anderen Individuen die Wahrheit sagen, einen Anreiz besäße, seine private Information opportunistisch zu nutzen, das heißt zu lügen. Diese Gefahr ist umso größer, je schärfer der Wettbewerb ist, in dem das Individuum steht, und je weniger sein Lügen durch entsprechende Sanktionen unattraktiv gemacht werden kann. Daher ist das Regelsystem effizient durchzusetzen. Denn das Individuum würde nur in dem Fall die Wahrheit sagen, wenn es hierdurch selbst einen Vorteil erzielen oder zumindest nicht ausgebeutet würde.

6.5 Eigennutz oder „Du sollst Deinen Nächsten lieben wie dich selbst“

Im Bereich der Ökonomie finden sich sehr viele Beispiele sogenannter externer Effekte. Das sind über den Marktmechanismus nicht kompensierte Auswirkungen ökonomischer Entscheidungen auf unbeteiligte Marktteilnehmer. Beispiele für negative externe Effekte sind die Umweltverschmutzung oder ein Zigarettenkonsum, der Nichtraucher schädigt. Ein Imker, dessen Bienenschwarm von den Bäumen eines Obstbauern profitiert, erfährt hingegen einen positiven externen Effekt. Charakteristisch für externe

Effekte ist, dass eigennutzorientierte Individuen sie nicht in ihr Entscheidungskalkül einbeziehen. Volkswirtschaftlich gesehen stellen sie somit eine Ursache für sogenanntes Marktversagen dar. Auch hier entstehen Auszahlungsmatrizen, bei denen die nicht intendierten Folgen eigennutzorientierten Verhaltens zu einer pareto-inferioren Situation und somit in ein Gefangenendilemma führen.

Externe Effekte rühren folglich aus einer für einen Homo oeconomicus typischen Fokussierung auf den eigenen Nutzen und die eigenen Präferenzen, ohne eventuell vorhandene diametrale oder komplementäre Bedürfnisse anderer Individuen zu berücksichtigen. Doch resultiert diese Orientierung, wie mehrfach gesagt (vgl. Abschnitte 3.3 und 4.3, Punkt 1), nicht unbedingt aus individueller Gier, sondern aus dem Wettbewerb (Gefangenendilemma) und dem Schutz vor dem Ausgebeutetwerden in solchen Interaktionsstrukturen.

Die Bibel kennt den Systemimperativ Wettbewerb nicht, sondern nur die Verfolgung des Eigeninteresses auf Kosten anderer. Sie fordert daher den Respekt vor den legitimen Präferenzen der Mitmenschen ein. In diesem Zusammenhang findet kaum ein Gebot an ähnlich vielen Stellen Eingang in die christliche Lehre wie das Gebot der Nächstenliebe (vgl. Abschnitt 4.3, Punkt 8). Die vielleicht bekanntesten Referenzen finden sich in Levitikus 19:18 oder in den ergänzenden neutestamentlichen Auslegungen des Dekalogs durch Jesus. Wie das folgende Beispiel illustriert, führt eine Befolgung dieses Gebots in der ökonomischen Sphäre zu einer Vermeidung externer Effekte und mithin des hieraus resultierenden Marktversagens. Damit ergibt sich eine effiziente Allokation.

Eine formal-ökonomische Interpretation des Gebots „Du sollst deinen Nächsten lieben wie dich selbst“

Übersicht 3

Ein Unternehmen produziert Stahl der Menge s und verursacht dabei Verschmutzung der Menge x, die es in einen Fluss einleitet (Varian, 1995, 537 ff.). Die Kosten der Produktion $c_S(s,x)$ steigen mit der produzierten Menge Stahl und sinken, wenn das Unternehmen mehr Verschmutzung in den Fluss einleiten darf. Den Stahl verkauft das Unternehmen zu einem Preis p_s pro Einheit. Ein flussabwärts gelegener Fischereibetrieb züchtet Fische der Menge f und ist negativ von der Verschmutzung betroffen, da diese seine Kosten der Fischaufzucht $c_F(f,x)$ erhöht.

Maximiert nun das Stahlunternehmen über die Wahl der produzierten Menge und der eingeleiteten Verschmutzung seinen Gewinn $p_s s - C_S(s,x)$, so wird es so lange produzieren, bis die Bedingungen $p_s = \frac{\partial C_S(s,x)}{\partial s}$ und $0 = \frac{\partial C_S(s,x)}{\partial x}$ erfüllt sind, die Preise für Stahl und Verschmutzung also ihren jeweiligen Grenzkosten entsprechen. Insbesondere wird der Stahlproduzent so lange das Niveau der Verschmutzung erhöhen, bis hieraus kein zusätzlicher Nutzen in Form einer weiteren Reduktion seiner Produktionskosten resultiert. Der seinen Gewinn $p_f f - C_F(f,x)$ maximierende Fischereibetrieb wählt eine Menge Fisch, welche die analoge Bedingung $p_f = \frac{\partial C_F(f,x)}{\partial f}$ erfüllt.

Eine gesamtwirtschaftlich effiziente Lösung würde hingegen die gemeinsamen Gewinne beider Unternehmen $p_s s - C_S(s,x) + p_f f - C_F(f,x)$ maximieren und dabei die negative Externalität berücksichtigen. Von den zugehörigen Optimalitätsbedingungen $p_s = \frac{\partial C_S(\hat{s},\hat{x})}{\partial s}$, $-\frac{\partial C_S(s,x)}{\partial x} = \frac{\partial C_F(f,x)}{\partial x}$ und $p_f = \frac{\partial C_F(f,x)}{\partial f}$ unterscheidet sich lediglich die zweite Bedingung von dem Ergebnis des individuellen Kalküls. Gemäß dieser Bedingung sollte das Niveau der Verschmutzung nun nur noch so lange erhöht werden, bis der zusätzliche Kostenrückgang für den Stahlproduzenten der zusätzlichen Kostenbelastung des Fischereibetriebs entspricht. Ein gewisses Maß an Verschmutzung ist dabei durchaus sozial wünschenswert.

Das christliche Gebot der Nächstenliebe reflektiert in einer ökonomischen Interpretation genau diesen Zwiespalt zwischen individueller und kollektiver Rationalität. Um diesen Zwiespalt zu illustrieren, stelle man sich das individuelle Kalkül des Stahlproduzenten als Maximierung des Terms $p_s s - C_S(s,x) + \lambda[p_f f - C_F(f,x)]$ vor, das heißt seines eigenen Gewinns und des mit einem Faktor $0 \leq \lambda \leq 1$ gewichteten Gewinns des Fischereibetriebs. Ein rein auf Eigennutzmaximierung bedachtes Individuum – oder ein durch den Wettbewerb auf (präventive) Maximierung des Eigennutzes programmiertes Unternehmen – ist durch $\lambda = 0$ charakterisiert und maximiert ausschließlich seinen eigenen Gewinn, woraufhin externe Effekte auftreten. In diesem Fall sind die Bedürfnisse des Fischereibetriebs nicht Teil des individuellen Kalküls des Stahlproduzenten. Ein Stahlproduzent, der hingegen das Gebot der Nächstenliebe befolgt, ist durch $\lambda = 1$ charakterisiert und internalisiert mögliche externe Effekte. In diesem Fall sind die Bedürfnisse des Fischereibetriebs ein gleichberechtigter und formal mit demselben Gewicht wie die eigenen Bedürfnisse gewichteter Teil des individuellen Kalküls des Stahlproduzenten. Im Fall $\lambda > 1$ würde ein Individuum die Präferenzen seiner Mitmenschen höher einschätzen als seine eigenen. Dies ist jedoch (vgl. Abschnitt 4.3) nicht aus dem Gebot der Nächstenliebe ableitbar. Eine formal-ökonomische Interpretation des Gebots „Du sollst deinen Nächsten lieben wie dich selbst" lautet daher: Maximiere deinen Nutzen unter vollständiger Berücksichtigung der Konsequenzen, die dein Verhalten als Marktteilnehmer auf deine Mitmenschen auslöst! Gewichte dabei die Präferenzen deiner Mitmenschen ebenso stark wie deine eigenen Präferenzen!

Eigene Zusammenstellung

Der wesentliche Unterschied zwischen individuell rationalem und kollektiv effizientem Kalkül (vgl. Abschnitt 4.1) besteht somit darin, dass in letzterem nicht nur die individuell spürbaren Effekte, sondern vielmehr die Gesamtheit der kollektiv spürbaren Effekte individueller Handlungen berücksichtigt werden. Da die Problematik externer Effekte in vielen Bereichen des täglichen Lebens auftreten kann, haben Ökonomen bereits zahlreiche Lösungen für die Vermeidung und Internalisierung externer Effekte erdacht. Die entsprechenden Konzepte, die eine Internalisierung externer Effekte aus individuellem Eigeninteresse anstreben, reichen von einer Steuer auf externe Effekte auslösende Güter (Pigou, 1912) über die Zuweisung exklusiver Verfügungsrechte wie zum Beispiel von Umweltzertifikaten (Coase, 1960) bis hin zu einer Zwangsfusion von Unternehmen. Je stärker sich Individuen jedoch am christlichen Gebot der Nächstenliebe orientieren, umso eher lassen sich externe Effekte bereits auf Basis eines individuellen Kalküls vermeiden, da die Individuen durch dieses Gebot bereits ex ante explizit zu einer Internalisierung potenzieller externer Effekte aufgefordert werden. Ökonomisch interpretiert ließe sich eine Internalisierung externer Effekte auch deshalb am effizientesten mithilfe der Befolgung des Gebots der Nächstenliebe erreichen, weil eine Internalisierung in diesem Fall intrinsisch motiviert erfolgen würde. Sie wäre daher nicht mit den typischen Reibungsverlusten wie etwa den Durchsetzungskosten einer extrinsisch implementierten Lösung verbunden. Da eine solche Lösung aber unter Bedingungen des – moralisch erwünschten (vgl. Abschnitt 3.1) – Wettbewerbs in modernen anonymen Großgesellschaften mit marktwirtschaftlicher Ordnung nicht zu erwarten ist, muss dieses individualmoralische Gebot in institutionelle Regeln transformiert werden.

6.6 Zusammenfassende Würdigung

Ausgehend von einem ökonomischen Analyserahmen wurde gezeigt, dass die rational-strategische Interaktion von Akteuren, die auf Eigennutz- und Gewinnmaximierung programmiert sind, in vielen Situationen des wirtschaftlichen Miteinanders zu gesamtwirtschaftlich schlechten Ergebnissen (soziale Fallen, kollektive Irrationalität) bis hin zu einem Versagen ganzer Märkte führen kann. Eine in das ökonomische Kalkül integrierte kollektive Befolgung christlicher Gebote durch die Individuen würde hingegen in diesen Situationen auch zu einem ökonomischen Gewinn für die gesamte Gesellschaft führen, da hierdurch die Ursachen der marktseitigen Ineffizienzen ausgeschaltet werden. Es zeigt sich insbesondere, dass eine Befolgung christlicher Gebote eine Internalisierung externer Effekte auf der Ebene des individuellen Kalküls zur Folge hätte und somit eine der häufigsten Ursachen für Marktversagen, das aus Dilemmasituationen entsteht, eliminieren würde. Gleiches gilt für den in den christlichen Geboten verankerten fundamentalen Respekt vor der Institution des Privateigentums, welches seinerseits die Voraussetzung für Produktionseffizienz oder für viable Anreize zu Forschungs- und Entwicklungsaktivitäten und mithin für Innovationen ist. Schließlich führt eine durch christliche Gebote geforderte wahrheitsgemäße Offenlegung von Sachverhalten, die für ökonomische Interaktionen relevant sind, zu einer Vermeidung von Informationsasymmetrien und den daraus resultierenden Verzerrungen. Eben diese wahrheitsgemäße Offenlegung relevanter Informationen im Kontext individueller ökonomischer Interaktionen gewinnt durch den ständigen Strukturwandel der Gesellschaft, konkret durch deren fortschreitende Globalisierung und Tertiarisierung, weiter an Bedeutung. In einer Wissens- und Informationsgesellschaft, deren Produkte und Dienstleistungen zunehmend immaterielle Aspekte aufweisen, können die Menschen deren Qualität immer weniger direkt und zutreffend beurteilen. Entsprechend stellen eine wahrheitsgemäße Informationspolitik und das hieraus erwachsende wechselseitige Vertrauen eine notwendige Bedingung für das Funktionieren der neuen Märkte dieser Erfahrungs- und Vertrauensgüter dar.

Als Fazit dieses Kapitels kann festgehalten werden, dass Ökonomik und Theologie trotz Differenzen bezüglich der Implementation moralischer Ansprüche im menschliches Verhalten substanzielle Beiträge für das Funktionieren eines Wirtschaftssystems leisten können. Die profunde Analyse von Wagner-Tsukamoto (2009, 248) schlussfolgert, die Bibel, insbesondere das Alte Testament, sei „a deeply economically inspired book. [...] For certain stories, a deeply ethical, economic message and economic value principles emerged". Diesem Fazit schließt sich die vorliegende Analyse an, zeigt sie doch, dass vielen christlichen Geboten über die moralisch-normative Dimension hinaus eine fundamentale ökonomische Weitsicht innewohnt. Eine Orientierung an diesen Geboten ist somit nicht nur unter ethischen, sondern insbesondere auch unter ökonomischen Aspekten wünschenswert. Das verdeutlicht auch das nächste Kapitel.

KAPITEL 7

Wirtschaftspolitische Implikationen

Diese theoretischen und anhand einzelner christlicher Gebote hergeleiteten Zusammenhänge lassen sich ansatzweise auf der gesamtwirtschaftlichen Ebene auch empirisch überprüfen. Ohne auf die umfangreichen Studien von Religionssoziologen eingehen zu können, sollen hier exemplarisch Zusammenhänge skizziert werden, an denen sich der Einfluss von Religion auf ökonomische Entwicklungen, auf ökonomisch relevante Veränderungen und Prozesse sowie der Beitrag der Religion zur Überwindung von Gefangenendilemmata zeigt.

7.1 Glaube, Religion, Kirchenbesuche und Wirtschaftswachstum

Üblicherweise wird vermutet: Je größer der mit der Modernisierung einhergehende Wohlstand eines Landes, desto weniger Bedeutung haben Religion und Kirchen. Eine internationale Studie liefert Fakten, die diesem weit verbreiteten Glauben und damit der Säkularisierungsthese widersprechen. Die entsprechenden Berechnungen zeigen nämlich: Religion und Moral haben einen positiven Einfluss auf das Wirtschaftswachstum. Allerdings beeinflussen stabil häufige Kirchenbesuche das Wirtschaftswachstum eher negativ.

80 Prozent der Befragten in den 59 untersuchten Ländern glauben an Gott, immerhin knapp 60 Prozent an ein Leben nach dem Tod beziehungsweise an die Existenz des Himmels. Durchschnittlich 36 Prozent gehen einmal pro Monat zur Kirche: am häufigsten Muslime, dicht gefolgt von den Katholiken. Dies sind die Ergebnisse einer umfangreichen internationalen Studie, die der angesehene Ökonomieprofessor Robert Barro, der an der Harvard-Universität und an der Hoover-Institution der Stanford-Universität in den USA lehrt, veröffentlicht hat (Barro/McCleary, 2003).

Sofern man die auf restriktiven Annahmen beruhenden und komplexen Berechnungen akzeptiert, gilt vereinfacht dargestellt: Kirchenbesuche haben erst einmal einen positiven Einfluss auf das Wirtschaftswachstum, denn sie unterstützen die Entstehung von Religiosität (unter anderem gemessen anhand des Glaubens an Himmel und Hölle). Religiosität wiederum stärkt – mit Blick auf die Individualmoral – den persönlichen Charakter und fördert Arbeitsmoral, Ehrlichkeit, ressourcenschonendes Verhalten sowie Offenheit gegenüber Fremden und damit gegenüber der Globalisierung. Gleichzeitig wirkt der Glaube an eine höhere Instanz positiv auf die Befolgung von Regeln und Geboten. In Gefangenendilemma-Situationen wird durch diese informelle Institution quasi die Auszahlungsmatrix dahingehend verändert, dass die kollektiv wünschenswerte Situation zum Beispiel durch das Befolgen der Goldenen Regel erreicht wird. Dies zeigt sich auch empirisch: Insbesondere der Glaube an die Hölle, den Himmel und ein Leben nach dem Tod stimulieren das Wirtschaftswachstum.

In Analogie zur Lerntheorie bedeutet dies, dass die Menschen sich moralischer verhalten, wenn sie eine Belohnung dafür erwarten oder ansonsten eine Strafe befürchten. Die Ergebnisse belegen zumindest teilweise sowohl die bereits im Jahr 1759 von Adam Smith in seinem Werk „Theorie der ethischen Gefühle“ betonte Bedeutung der Moral für das Wirtschaftswachstum als auch den von Max Weber (1864–1920) untersuchten Einfluss der Kirchen auf die wirtschaftliche Entwicklung (Weber, 1934).

Entgegen weit verbreiteter Ansichten zeigt die Studie auch: Je höher die Bildung (gemessen anhand von Bildungsjahren), desto häufiger sind Kirchenbesuche. Gut zwei Jahre längere Schul-, Aus-, Weiter- und Hochschulbildung bewirken eine Zunahme der Kirchenbesuche um 10 Prozent. Auch der Glaube an Gott sowie an Himmel und Hölle steigt mit zunehmender Bildung. Dabei gibt es allerdings das bekannte Stadt-Land-Gefälle: Je höher der Urbanisierungsgrad, desto seltener sind Kirchenbesuche und desto weniger Menschen glauben an Gott, unter anderem aufgrund alternativer Freizeitangebote und des stärkeren Einflusses anderer sozialer Gruppen.

Sind dieser Glaube und die Moral aber erst einmal gesellschaftlich mithilfe der Kirchen etabliert, wirken Kirchenbesuche wachstumshemmend. Eine mögliche Erklärung dafür ist, dass die Kirchen nicht mehr originär an der Verbreitung des Glaubens und in der Seelsorge arbeiten, sondern verstärkt die Ressourcen der Gläubigen nutzen und versuchen, politischen und sozialen Einfluss – basierend auf der Annahme vormoderner Strukturen – auszuüben, der sich dann wachstumshemmend auswirkt. Grundlegende Erklärungsansätze für diese Wirkung von Religion und Theologie auf die Einzelwissenschaft Ökonomik finden sich in Abschnitt 2.2. Dabei zeigt sich, dass die Unkenntnis ökonomischer Sachverhalte – gerade auch vonseiten der Theologen – eine Ursache dieser negativen Auswirkungen ist. Die vorliegende Veröffentlichung kann eventuell zur Überwindung dieser Verständnislosigkeit beitragen, die ihrerseits zu weniger weltweitem Wachstum, weniger Wohlstand und weniger Beschäftigung führt.

7.2 Erklärungsansatz: Unterschiede im Denken zwischen ökonomischen Laien und Ökonomen

Eine Untersuchung von Enste et al. (2009) zeigt, wie gravierend die Unterschiede zwischen Ökonomen und Laien in der Art des Denkens und bei der Beurteilung von wirtschaftspolitischen Maßnahmen sind. Ökonomische Laien denken nur wenig in Kategorien wie Effizienz und Wirtschaftlichkeit, sondern legen vielmehr die tradierten Fairnessprinzipien zugrunde, die in vormodernen Gesellschaften vorteilhaft waren. In anonymen Großgesellschaften funktionieren diese hingegen nicht mehr. Anhand eines Beispiels können die Gründe und Folgen ökonomischer Fehleinschätzungen (Biases) aufgezeigt werden (Übersicht 4). Die Urteils- und Entscheidungsfindung – gerade auch in Kirchenkreisen, die auf die Bewahrung des Tradierten setzen – unterliegt in starkem Maße diesen Verzerrungen und damit aus wirtschaftlicher Sicht Fehlschlüssen. Deshalb können diese Ergebnisse auch die Unterschiede im Denken zwischen Theologen und Ökonomen widerspiegeln, ohne dass ausdrücklich Theologen befragt wurden. Die negativen Auswirkungen zeigen sich gerade auch mit Blick auf die Möglichkeiten zur Überwindung von Armut in Entwicklungsländern: Deren verstärkte Integration in den Welthandel wird von kirchlicher Seite häufig abgelehnt und wird erst jüngst in der Unternehmerdenkschrift der evangelischen Kirche und in einem Beitrag der Deutschen Bischofskonferenz differenzierter und positiver gesehen (EKD, 2008; DBK, 2008).

Fehleinschätzungen (Biases) von ökonomischen Laien

Übersicht 4

1. Status-quo-Bias

Sozialpsychologen haben in Experimenten festgestellt, dass Menschen nicht nur eine Abneigung gegenüber Veränderungen haben, besonders wenn die bestehenden Regelungen schon lange existieren. Vielmehr halten sie bestehende Verhältnisse darüber hinaus für grundsätzlich gerecht, weshalb Änderungen explizit begründet werden müssen. Ein praktisches Beispiel dafür ist der Widerstand gegen die Erhöhung des Renteneintrittsalters von 65 auf 67 Jahre. Dabei hat sich in den letzten 60 Jahren die durchschnittliche Lebenserwartung der Männer von 64,6 Jahren (1950) auf 76,6 Jahre (2007) deutlich stärker erhöht. Statistisch gesehen konnte vor 60 Jahren niemand erwarten, überhaupt jemals Rente zu beziehen, während heute zehn bis zwölf Jahre Rentenbezugszeit die Regel sind. Heute geborene Mädchen haben sogar eine Lebenserwartung von über 82 Jahren.

2. Do-no-harm-Heuristik

Die Do-no-harm-Heuristik beschreibt die Aversion von Menschen, anderen Personen Schaden zuzufügen. Oberstes Ziel ist es, andere Personen vor Schaden zu bewahren und zu schützen, wobei – ganz im Sinne der Gesinnungsethik – der Wille und nicht das Ergebnis der Handlung entscheidend ist. Insbesondere wenn Schaden von einzelnen Personen oder Gruppen abgewendet werden soll, die sich von der anonymen Masse abheben, setzen Menschen große Energien und finanzielle Ressourcen ein, um Hilfe zu leisten oder um Solidarität zu bekunden. Dieser Bias kann zur Festschreibung des Status quo führen, selbst wenn durch Politikmaßnahmen viele bessergestellt werden könnten, aber eine kleine Gruppe Schaden nehmen würde. Als Beispiel sei auf die folgende Fixed-pie-Annahme (zum Beispiel im Zusammenhang mit dem Abbau von Kohlesubventionen) verwiesen.

3. Fixed-pie-Annahme
Ökonomische Laien sehen das Bruttoinlandsprodukt als gegebene Größe an. Für die Wirtschafts- und Sozialpolitiker ginge es somit nur noch um die gerechte Verteilung eines Kuchens, der einmal gebacken ist und dessen Größe sich nicht verändert. Hier liegt das Nullsummenparadigma zugrunde, mit dem sich vormoderne Gesellschaften ohne nennenswertes Wirtschaftswachstum durchaus zutreffend beschreiben lassen (vgl. Abschnitt 6.2), nicht jedoch moderne Marktwirtschaften. Die Höhe des Wohlstands wird somit ebenso als eine Konstante angesehen wie die Anzahl der Arbeitsplätze. Die Dynamik wirtschaftlicher Prozesse wird dabei systematisch vernachlässigt. Der Wohlfahrtszuwachs einer Gruppe wird sofort mit Wohlfahrtsverlusten anderer Gruppen gleichgesetzt. Dieses Denken beherrschte beispielsweise die Diskussion um die Verkürzung der Arbeitszeit zur Bekämpfung der Arbeitslosigkeit.

Quelle: Enste et al., 2009

Besonders deutlich zeigen sich der Status-quo-Bias (Ablehnung des Strukturwandels), die Do-no-harm-Heuristik und die Fixed-pie-Annahme an Befragungsergebnissen zur Arbeitsplatzverlagerung (Enste et al., 2009). Die Bewertung von Arbeitsplatzverlusten auf der einen und Arbeitsplatzgewinnen auf der anderen Seite ist auf Basis von Effizienzüberlegungen eindeutig: Wenn durch Strukturwandel ein Arbeitsplatz an einer Stelle verloren geht und an einer anderen Stelle ein mindestens gleichwertiger neuer Arbeitsplatz entsteht, ist dies aus allokativer Sicht nicht negativ zu bewerten. Diese Entwicklungen sind, wenn sie das Ergebnis wettbewerblicher Prozesse „schöpferischer Zerstörung" sind, letztlich wirtschaftlich notwendig.

Völlig anders sehen dies hingegen ökonomische Laien: Nur 42 Prozent finden es in Ordnung, wenn ein Arbeitsplatz an der einen Stelle verloren geht und dafür ein anderer Arbeitsplatz woanders in Deutschland geschaffen wird. Wenn der Arbeitsplatz im Ausland entsteht, sinkt die Zustimmungsrate auf nur noch 10 Prozent. Die Zustimmungsraten bleiben niedrig, insbesondere wenn es um Arbeitsplätze im Ausland geht oder selbst wenn der Verlust eines einzigen Arbeitsplatzes deutlich überkompensiert wird. Die Schaffung von fünf neuen (Zustimmungsquote: 70 Prozent) oder gar zehn neuen Jobs (66 Prozent) woanders in Deutschland zum Ausgleich für den einen Job ist immerhin für zwei Drittel der Befragten in Ordnung. Neue Jobs im Ausland (17 Prozent beziehungsweise 12 Prozent Zustimmung) können den einen verloren gegangenen Arbeitsplatz hingegen nicht aufwiegen (Abbildung 4). Die Ablehnung des Strukturwandels lässt sich anhand dieser Daten gut zeigen und zumindest zum Teil durch die verschiedenen Biases erklären. Gleichzeitig wird vor diesem Hintergrund deutlich, warum eine wirkliche Hilfe für die weniger entwickelten Länder am Protektionismus der Industrieländer scheitert: Die Wähler denken in nationalen Kategorien. Das jüngste Beispiel sind die wütenden Proteste gegen die Verlagerung des Nokia-Werks von Bochum nach Rumänien – obwohl die von der katholischen Kirche hochgehaltene „vorrangige Option für die Armen" eindeutig für die Verlagerung nach Rumänien sprechen würde.

Ablehnung des Strukturwandels trotz neuer Arbeitsplätze

Abbildung 4

Antworten auf die Frage: „Wenn in Deutschland ein Arbeitsplatz verloren geht, ist das dann in Ordnung, wenn irgendwo anders in Deutschland oder im Ausland ein, fünf oder zehn neue Arbeitsplätze entstehen?", in Prozent

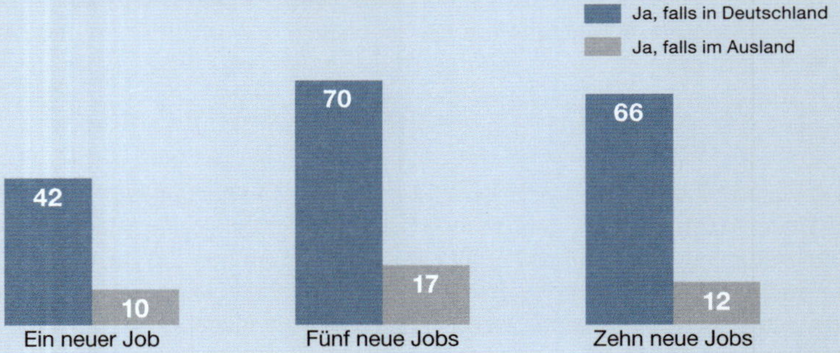

Befragung von 190 ökonomischen Laien.
Quelle: Enste et al., 2009

Diese Ergebnisse sind im Übrigen unabhängig von den Bildungsjahren der Befragten oder vom Geschlecht. Auch Lehrer und Journalisten, die sich mit wirtschaftlichen Themen befassen, antworten nicht signifikant anders als ökonomische Laien. Um effiziente, wohlfahrtssteigernde Maßnahmen – auch wenn Einzelne vorübergehend darunter leiden – zugleich auch als gerecht anzusehen, wie dies Ökonomen tun, bedarf es offensichtlich des alltäglichen Umgangs mit ökonomischen Modellen und Ansätzen und eines dadurch bedingten anderen Gerechtigkeitsempfindens. Der intensivere Dialog zwischen Theologen und Ökonomen kann daher einen Beitrag zu nachhaltigen Wohlstandssteigerungen der Nationen – gerade auch der weniger entwickelten Staaten – leisten und diesen bessere Chancen auf Wohlstand ermöglichen.

7.3 „Wer betet hat mehr Kinder" oder „Ora et Labora"

Beim Streit um den Ausbau der Kinderbetreuung und um das neue Familienbild stehen die staatlichen Anreize für die Familiengründung (wie das Elterngeld) und die frühkindliche Bildung im Zentrum. Dahinter stecken ökonomische Analysen, die auf eine Verbesserung der Anreize im Sinne einer bevölkerungsorientierten Familienpolitik setzen, um den demografischen Wandel in Deutschland und anderen Industriestaaten nachhaltig abzumildern, wenn auch mit sehr langfristiger Perspektive. Je nach normativer Grundhaltung spricht kaum etwas dagegen. Allerdings wird der Einfluss von tradierten Werten und Religiosität in diesem Kontext kaum thematisiert und als Ansatzpunkt gesehen. Dabei könnten zum Beispiel die Kirchen diesbezüglich viel zum Kindersegen beitragen. So manchem Zeitgenossen und Wirtschaftsforscher ist der empirische Wirkungsnachweis von Gebet, Glaube und Religiosität jedoch suspekt. Dennoch gibt es – insbesondere von soziologischer, aber auch sozialpsychologischer Seite – immer wieder Ansätze und Versuche, diesen Zusammenhang anhand von Daten zu belegen.

Die Forschungen von Theologen und Wirtschaftswissenschaftlern zum Einfluss von Religiosität auf die demografische Entwicklung spielen nicht nur aufgrund der Bedeutung für die nachhaltige Finanzierbarkeit der Sozialsysteme in den Industriestaaten eine besondere Rolle, sondern vor allem mit Blick auf die Armutsbekämpfung in den Entwicklungs- und Schwellenländern (vgl. Abschnitt 4.2, Punkt 5). Die empirischen Überprüfungen basieren auf einer breiten Datenbasis: ALLBUS-Daten für Deutschland, repräsentative Daten für die Schweiz und der World Values Survey liefern die Grundlage für die Überprüfung der These (Blume et al., 2006). Das Ergebnis: Gebet und Glaube beeinflussen die Geburtenrate. Ob Menschen, die Kinder haben, einfach mehr Gründe haben zu beten, oder ob der Zusammenhang doch umgekehrt ist, lässt sich auf Basis der Daten nicht ermitteln. Spannend ist aber zu sehen, dass der Glaube an Gott, den Himmel und ein Leben nach dem Tod positiv mit der Kinderzahl korreliert ist.

Insbesondere Religionssoziologen beschäftigt das Phänomen, dass die Geburtenraten in religiösen Ländern unterschiedlichster Wohlstandsniveaus höher sind als in säkularen, individualistisch geprägten Ländern. Eine Auswertung von über 260.000 Interviews aus 82 Ländern des World Values Surveys zeigt: Je religiöser Menschen sind, desto mehr Kinder haben sie. Im weltweiten Durchschnitt haben gläubige Frauen 2,1 Kinder und nicht gläubige 1,6; Muslime bekommen durchschnittlich 2,3 Kinder; Katholiken, Protestanten und Buddhisten rund zwei Kinder. Überzeugte Atheisten begnügen sich mit nur 1,5 Kindern. Die Daten für Deutschland zeigen eine ähnliche Tendenz, wenngleich auf deutlich niedrigerem Niveau (Abbildung 5). Eine religiöse Erziehung führt ebenfalls zu einer höheren Kinderzahl (2,04) verglichen mit Menschen, die nicht religiös erzogen wurden (1,59).

Glaube und Geburten

Abbildung 5

Anzahl der Kinder von gläubigen und nicht gläubigen Frauen

	Deutschland		Welt	
	Ja	Nein	Ja	Nein
Glaube an Gott	1,58	1,38	2,05	1,49
Glaube an Himmel	1,64	1,41	2,17	1,64
Glaube an ein Leben nach dem Tod	1,54	1,47	2,10	1,76

Quellen: World Values Survey, 1990–2005; eigene Berechnungen

Die US-Politikwissenschaftler Ronald Inglehart und Pippa Norris (Inglehart/Norris, 2004) kommen – ebenfalls auf Basis der Daten des World Values Surveys – beim Vergleichen der Gesellschaften zu ähnlichen Ergebnissen. Unterteilt in ein säkulares, ein moderates und ein religiöses Drittel, zeigen sich deutliche Unterschiede bei der Bevölkerungsentwicklung in den Ländern: Während säkulare und moderate Gesellschaften kaum wachsen (1975–1997: 0,7 Prozent; 1997–2015: 0,2 bis 0,3 Prozent), wachsen religiöse Gesellschaften basierend auf den entsprechenden Vorausberechnungen der Bevölkerungsentwicklung mehr als fünfmal so stark (1975–1997: 2,2 Prozent; 1997–2015: 1,5 Prozent).

Neben den unterschiedlichen Wertorientierungen spielen auch die vielfältigeren Wahlmöglichkeiten in modernen Gesellschaften eine wichtige Rolle. Anders als in traditionellen Gesellschaften muss vor allem die Frau sich bei einer Entscheidung für Kinder gegen eine größere Zahl anderer Optionen – zum Beispiel Berufstätigkeit – entscheiden, sofern sich diese Wünsche nicht miteinander verbinden lassen. Die bessere Vereinbarkeit von Familie und Beruf (Labora) steht nicht zuletzt deshalb zu Recht im Zentrum der bevölkerungsorientierten Familienpolitik in Deutschland.

Soziologen führen als weiteren Grund für die höhere Kinderzahl die stärkere Eingebundenheit der religiösen Menschen in Gemeinschaften an. Die Last der Verantwortung kann leichter verteilt werden, Unsicherheiten werden durch die Unterstützung in der Gemeinschaft besser aufgefangen. Auch die klaren Normen vieler Religionen, die Kinder als Geschenk Gottes ansehen und somit die Entscheidung für Kinder erleichtern, spielen eine Rolle, wie nicht zuletzt der Einfluss der Kirchenbesuche auf die Kinderzahl verdeutlicht (Abbildung 6).

Je häufiger die Kirchenbesuche, desto größer der Kindersegen. Frauen, die regelmäßig Gottesdienste besuchen, haben im weltweiten Durchschnitt mehr als zwei Kinder. Wer selten oder nie zur Kirche geht, bekommt durchschnittlich nur rund 1,7 Kinder. In Deutschland zeigt sich die gleiche Tendenz, allerdings liegt die Kinderzahl im Durchschnitt rund 0,5 Kinder unter der in vielen anderen Ländern.

Kirchenbesuche und Kinderzahl

Abbildung 6

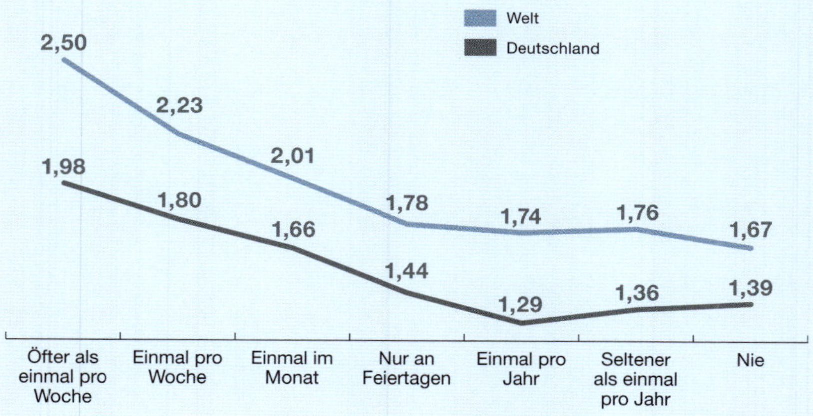

Quellen: World Values Survey, 1990–2005; eigene Berechnungen

Allerdings stecken die Kirchen in modernen Gesellschaften wie der in Deutschland in einem Dilemma: Beharren sie auf ihrem tradierten Familienbild, verlieren sie gemäßigte Mitglieder. Nähern sie sich jedoch liberalisierend dem Zeitgeist mit seinen zahlreichen neuen Lebensoptionen an, spalten sich kinderreiche, besonders religiöse Anhänger ab. So verlieren die Kirchen inmitten der Flügelkämpfe fast unausweichlich Gläubige durch Austritte und fehlenden Nachwuchs. Auch die Zahl der Gottesdienstbesucher ist in Deutschland seit Jahren rückläufig und hat bei der katholischen Kirche im Jahr 2007 mit rund 3,5 Millionen sonntäglichen Gottesdienstbesuchern einen historischen Tiefstand erreicht. Verglichen mit 1990 ging die Zahl um mehr als 40 Prozent (2,5 Millionen) zurück. Und die Zahl der Taufen ist überproportional zurückgegangen. Nur zu Weihnachten gehört der Gottesdienstbesuch für viele Christen noch dazu.

Eine mögliche Maßnahme gegen die schwindende Bedeutung könnte zum Beispiel der Ausbau der Kindertagesstätten in kirchlicher Trägerschaft sein, gerade wenn die Zahl der getauften Kinder sinkt. Damit würden die Kirchen für ihre eigene Zukunft vorsorgen und die Mitgliederzahl trotz demografischem Wandel stabilisieren können – zumindest wenn die Werteerziehung und das regelmäßige Beten (Ora) mit den Kindern im Kindergarten wiederbelebt würden. Frauen, die häufig beten, haben in Deutschland durchschnittlich fast zwei Kinder; wer nie betet, hat hingegen nur rund 1,3 Kinder (Abbildung 7). Ähnlich verläuft dieser Zusammenhang auch in anderen Ländern. So könnten auch die Kirchen einen praktischen Beitrag dazu leisten, „mit Kindern in die Zukunft zu gehen", wie die Kirchen regelmäßig in der „Woche für das Leben" fordern.

Gebet und Geburten

Abbildung 7

Befragte, die so oft außerhalb von Gottesdiensten beten, haben im Durchschnitt so viele Kinder

	Deutschland	Welt
Jeden Tag beziehungsweise mehrmals pro Woche	1,91	2,24
Mindestens einmal im Monat	1,66	1,86
Mehrmals pro Jahr beziehungsweise selten	1,39	1,61
Nie	1,33	1,48

Quellen: World Values Survey, 1990–2005; eigene Berechnungen

Die Werte, die hinter den Aussagen zur Religiosität und zum Beten stehen, lassen sich sehr viel schwerer greifen und abfragen. Dennoch helfen auch diese Fakten, ein breiteres Verständnis für die Bedeutung von Religion für Gesellschaften zu entwickeln – auch aus wirtschaftlicher Sicht. Schließlich hat schon Max Weber frühzeitig auf die Bedeutung der Religion für wirtschaftliche Entwicklungen hingewiesen (Weber, 1934). Der demografische Wandel hat ebenfalls großen Einfluss auf die Wirtschaft und erfordert ein Gegensteuern bei den bestehenden Institutionen wie zum Beispiel den Sozialversicherungssystemen. Auch der ungleichen Bevölkerungsentwicklung zwischen reichen und armen Ländern kann mit einer Doppelstrategie aus ökonomischem Kalkül und theologischem Gedankengut entgegengewirkt werden: Zum einen sind die Chancen der Globalisierung durch Marktzugang für alle zu nutzen und zum anderen ergibt sich eine nachhaltige Nutzenmaximierung durch die metaphysische Einbindung des Menschen in einen größeren Gesamtzusammenhang. Außerdem zeigen die Erläuterungen in Kapitel 5 zur Individualethik und die Beispiele in Kapitel 6, welchen positiven Einfluss Gebote – die sich eben auch durch religiöse Erziehung vermitteln lassen – haben. Wohlstand und Wirtschaftswachstum werden durch den Beitrag der Gebote zur Überwindung von Gefangenendilemmata positiv beeinflusst. Außerdem liefert die abendländisch-christliche Kultur die Basis für den unter modernen Bedingungen notwendigen Prozess der Institutionen- und Organisationenbildung und für die Herausbildung von Vorbildern (vgl. Kapitel 5).

7.4 Freiheit, Ordnung und Wohlstand

Die geringe Akzeptanz der Wirtschaftsordnung in Deutschland (vgl. Kapitel 1) lässt sich mit Blick auf die Wohlstandsentwicklung in den letzten 60 Jahren nicht nachvollziehen. Beispielsweise hat sich das Bruttoinlandsprodukt pro Kopf fast versechsfacht (Abbildung 8): Je Einwohner gerechnet wurden 1950 in jetzigen Preisen knapp 5.150 Euro erwirtschaftet – mittlerweile sind es rund 29.460 Euro (2007). Die wirtschaftlichen Erfolge und das BIP-Wachstum haben dank erheblicher Produktivitätsfortschritte die Löhne sogar noch deutlich stärker ansteigen lassen: Der durchschnittliche Bruttostundenlohn kletterte von umgerechnet damals 65 Cent auf 15,55 Euro im Jahr 2007.

Bruttostundenlohn und Pro-Kopf-Einkommen in Deutschland
in Euro

Abbildung 8

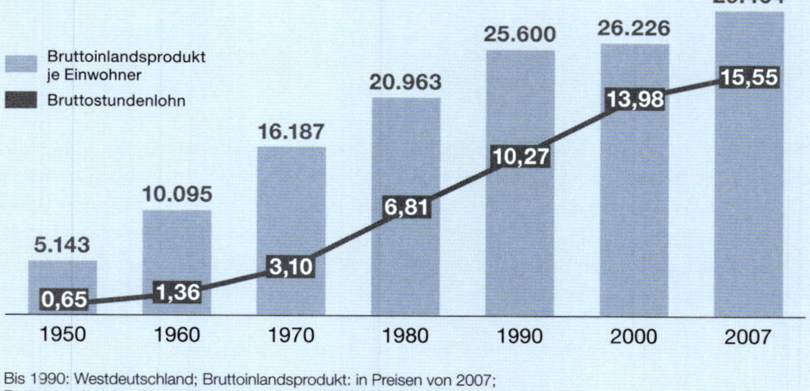

Bis 1990: Westdeutschland; Bruttoinlandsprodukt: in Preisen von 2007;
Bruttostundenlohn: Durchschnittslohn von Arbeitern in der Industrie.
Quelle: IW Köln, 2008

Darüber hinaus haben die Menschen heute auch mehr Zeit, diesen Wohlstand zu genießen. Einmal, weil die besseren Lebens- und Arbeitsbedingungen und der medizinisch-technische Fortschritt zu einer um rund 13 Jahre höheren Lebenserwartung geführt haben (Abbildung 9); so ist zum Beispiel die Zahl der Arbeitsunfälle seit den sechziger Jahren um mehr als 60 Prozent auf unter eine Million zurückgegangen. Zum anderen arbeiten die Deutschen aber auch weniger: Die wöchentliche Arbeitszeit ist seit 1950 um rund zehn Stunden geschrumpft. Außerdem sind in vielen Branchen mittlerweile mehr als 30 Urlaubstage statt 12 wie im Jahr 1950 die Regel.

Lebenserwartung, Wochenarbeitszeit und Urlaubstage in Deutschland

Abbildung 9

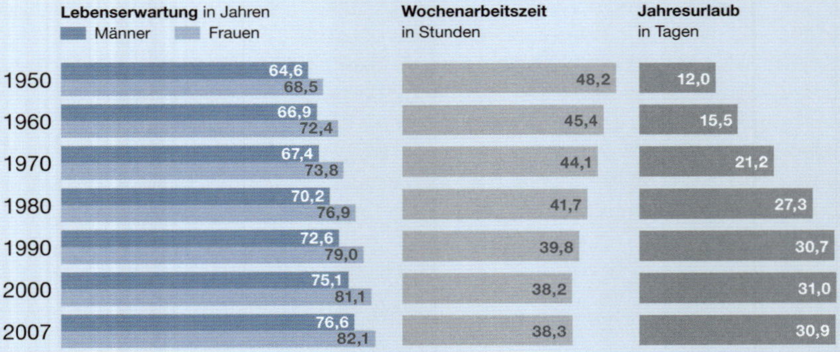

Bis 1990: Westdeutschland; Lebenserwartung: bei der Geburt; Wochenarbeitszeit: durchschnittlich bezahlte Wochenstunden im Produzierenden Gewerbe; Jahresurlaub: tariflich je Vollzeitarbeitnehmer.
Quelle: IW Köln, 2008

Gleichzeitig können sich die Beschäftigten für ihre Arbeit mehr leisten als früher (Abbildung 10). Musste ein Arbeitnehmer 1948 noch eine Stunde und 13 Minuten für ein halbes Pfund Butter arbeiten, waren es im Jahr 2007 nur noch fünf Minuten. Waren 500 Gramm Kaffee nach dem Krieg noch ein Luxusartikel, für den fast 20 Stunden lang geschuftet werden musste, genügten im Jahr 2007 20 Minuten. Dennoch wird die Wirtschaftsordnung als unmoralisch angesehen (zu den Gründen vgl. Abschnitt 7.2)

Dabei hat die marktwirtschaftliche Ordnung nicht nur ökonomische Erfolge vorzuweisen. Der mit der Sozialen Marktwirtschaft ausgebaute Sozialstaat hilft noch heute, Missstände zu beseitigen, wie der Armuts- und Reichtumsbericht der Bundesregierung bestätigt: Müssten die Haushalte in Deutschland nur von ihrem selbst verdienten Einkommen leben, hätten 26 Prozent von ihnen weniger als 60 Prozent des mittleren Haushaltsnettoeinkommens zur Verfügung. Aufgrund der staatlichen Sozialtransfers (beispielsweise Wohn- oder Kindergeld) liegt dieser Anteil tatsächlich nur bei 13 Prozent. Damit gehört Deutschland zu den vier westeuropäischen Ländern mit der geringsten Armutsrisikoquote und steht auf einer Stufe mit skandinavischen Wohlfahrtsstaaten wie Finnland und Schweden. Angesichts der Größe des Landes und der Unterschiede zwischen seinen einzelnen Regionen sowie mit Blick auf das eher geringe Wachstum in den Jahren vor 2005 ist dies ein beachtliches Ergebnis (Abbildung 11).

Kaufkraft: Weniger Arbeit für den Konsum

Abbildung 10

So lange musste ein Beschäftigter im Durchschnitt für … arbeiten

		1948		2007	
	Menge	Preis in Euro	Stunden/ Minuten	Preis in Euro	Stunden/ Minuten
Mischbrot	1 kg	0,20	0:22	2,36	0:10
Milch	1 l	0,18	0:21	0,77	0:03
Bier	1 l	0,59	1:05	1,32	0:06
Butter	250 g	0,65	1:13	1,10	0:05
Kartoffeln	2,5 kg	0,20	0:22	2,97	0:13
Kaffee	500 g	10,66	19:57	4,42	0:20
Herrenanzug	1 St.	62,09	116:12	233,74	17:15
Kleiderschrank	1 St.	110,90	207:34	498,85	36:49

Quelle: IW Köln, 2008

Grundlage für diese positive wirtschaftliche Entwicklung sind die ordoliberalen Prinzipien der Sozialen Marktwirtschaft, welche den Ordnungsrahmen für den Markt vorgeben und helfen, Gefangenendilemmata zu vermeiden. Die Begründer der Freiburger Schule um Walter Eucken bezogen sich bei der Ausgestaltung der Grundprinzipien explizit wie implizit auf christliche Grundwerte und sahen darin Komplemente für eine freiheitliche Wirtschaftsordnung mit den Chancen auf Wohlstand für alle – ganz in Einklang mit den Überlegungen zur Individualethik (vgl. Kapitel 5).

Der zentrale Stützpfeiler der Sozialen Marktwirtschaft ist dabei die Freiheit. Vielen wird ihr Wert erst dann bewusst, wenn sie fehlt. Freiheit heißt mit Blick auf die Wirtschaft, selbst zu entscheiden, was man konsumieren möchte, welchen Beruf man ergreifen will und wie man sein Leben gestaltet. Diese Freiheit bietet neben vielen Chancen auch mehr Risiken für den Einzelnen und bürdet ihm mehr Verantwortung auf, da der Staat sich zurückhält. Insofern ist Freiheit mit Lust und Last verbunden. Einer der

Väter der Sozialen Marktwirtschaft, Ludwig Erhard, hat dies mit seinem Motto und Ziel „Wohlstand für alle" nicht verschwiegen. Auch seine Mitstreiter Alfred Müller-Armack und Walter Eucken haben darauf hingewiesen, dass weder das Laisser-faire noch eine staatliche Steuerung dem Geist der Sozialen Marktwirtschaft entsprechen. Vielmehr muss der Staat die Rahmenbedingungen vorgeben, aber das wirtschaftliche Agieren dem Einzelnen überlassen.

Reduktion des Armutsrisikos durch Sozialtransfers im internationalen Vergleich*

Abbildung 11

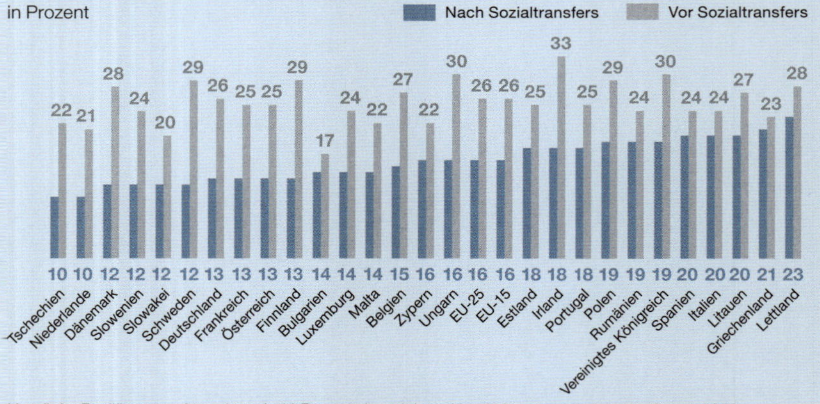

*Anteil der Bevölkerung mit weniger als 60 Prozent des mittleren Haushaltsnettoeinkommens; Stand: 2005.
Quelle: EU-SILC, 2008

Ende der sechziger Jahre wurde – hauptsächlich von der außerparlamentarischen Opposition – soziale Gerechtigkeit damit gleichgesetzt, dass Einkommen über staatliche Transfers möglichst gleich verteilt werden. Von dieser Denkweise sind die Politiker heute überwiegend abgerückt. Wichtiger ist ihnen, allen Menschen Einstiegsmöglichkeiten in den Arbeitsmarkt und damit Chancen auf Wohlstand zu bieten. Diese Meinung vertraten mehr als die Hälfte von 384 deutschen Abgeordneten, die die Bertelsmann Stiftung zum Thema soziale Gerechtigkeit befragt hat. Für 29 Prozent der Befragten standen die Mindestabsicherung für sozial Schwache und zugleich die Chancengerechtigkeit im Mittelpunkt.

Eine weitere Leitlinie für die Sozialpolitik ist das Subsidiaritätsprinzip. Das bedeutet: Wenn der Einzelne etwas nicht schafft, hilft zuerst die Familie. Was die Familie nicht bewerkstelligt, müssen Freunde und Nachbarn tun. Was dort nicht geregelt werden kann, muss auf kommunaler Ebene gelöst werden. Die Reihe setzt sich fort über die

Länder. Erst ganz zum Schluss in dieser Rangfolge kommt der Bund. So trägt jeder Verantwortung, gleichzeitig leidet aber niemand Hunger.

Diese Prinzipien müssen zusammen mit weiteren Grundpfeilern der Wirtschaftsordnung realisiert werden und sind dann der Garant dafür, dass der Markt seine positiven Wirkungen entfalten kann. Dazu zählen flexible Preise, Wettbewerb und die Kontrolle der Macht großer Konzerne, offene Märkte, geringe Inflation, Privateigentum und Vertragsfreiheit – eingebettet in eine verlässliche Wirtschaftspolitik.

Der Hauptgrund dafür, dass große Teile der Bevölkerung die Erfolge der Sozialen Marktwirtschaft nicht sehen, ist der weit verbreitete ökonomische Analphabetismus, selbst unter Höhergebildeten und auch unter Theologen (vgl. Abschnitt 7.2). Eine solche Unwissenheit ist gefährlich, denn die Menschen können die Vorzüge der auf Wachstum und Wohlstandssteigerung ausgerichteten Sozialen Marktwirtschaft kaum gebührend würdigen, wenn sie die Chancen des wirtschaftlichen Fortschritts nicht erkennen. So glaubten zum Beispiel Studenten verschiedener Fachrichtungen, dass ein 3-prozentiges Wachstum über 25 Jahre das Volkseinkommen um 72 Prozent klettern lässt und ein 5-prozentiges Wachstum 79 Prozent mehr beschert. Tatsächlich winkt bei diesen beiden Wachstumsraten aber ein Einkommensplus von 109 Prozent beziehungsweise 239 Prozent. Angesichts dieser Unkenntnis lässt sich erklären, warum populistische Forderungen nach Umverteilung des Erwirtschafteten mehr Zustimmung finden als Maßnahmen zur langfristigen Wachstumsförderung. Immerhin scheinen sich die Bundesbürger ihrer Bildungsmängel bewusst zu sein: Gut drei Viertel aller Deutschen fordern ein Pflichtfach „Wirtschaft“ in der Schule.

8 Aufgaben von Theologie und Ökonomik

Um den Diskurs zum Vorteil sowohl der Theologie als auch der Ökonomik – und der Adressaten wissenschaftlicher Reflexion – zu intensivieren, müssen zunächst einmal die wechselseitigen Vorurteile abgebaut werden. Doch schon dies verlangt bedeutende Anstrengungen, wenn das Ergebnis nicht oberflächlich sein und sich in Appellen an den „guten Willen" erschöpfen soll. Insbesondere ist eine Methodenreflexion erforderlich, um das eigene Selbstverständnis zu präzisieren und Sinn und Grenzen der eigenen Aussagen einschätzen zu können. Wer – in Theologie und Ökonomik gleichermaßen – den Homo oeconomicus als „Menschenbild" auffasst, unterliegt einem fundamentalen (Selbst-)Missverständnis. Es gilt, die genauen Frage- und Problemstellungen der beiden Wissenschaften herauszuarbeiten, weil nur so ein adäquates Verständnis ihrer Theorieentwürfe, ihrer spezifischen Leistungen und ihrer jeweiligen Grenzen möglich ist.

8.1 Aufgaben der Theologie

Die Theologie muss auf die religiöse Botschaft fokussieren – das ist selbstverständlich. Aber sie muss die Botschaft unter den grundlegend veränderten Strukturen der modernen Welt verständlich machen und zur Geltung bringen. Dafür ist sie auf die Erkenntnisse der Einzelwissenschaften, in unserem Falle der Ökonomik, angewiesen. Sie muss versuchen, immer aufs Neue eine Verbindung zwischen Glaubensinhalten und den Erkenntnissen der Einzelwissenschaften herzustellen. Vor allem muss sie alle Versuche unterlassen, Moral gegen die grundlegenden Erkenntnisse der Einzelwissenschaften durchsetzen zu wollen. Moral setzt sich in und mit den Gesetzmäßigkeiten dieser Welt durch und nicht gegen sie.[2]

Hilfreich ist dabei im Felde der Ethik die alte Unterscheidung zwischen (zeitlos gültigen) Prinzipien und den konkreten Urteilen beziehungsweise Handlungsanweisungen: Letztere müssen immer zugleich auf die Prinzipien und die kontingenten historischen Realisierungsbedingungen Bezug nehmen.

Die besondere Schwierigkeit besteht darin, dass auch die Zuordnung zu den Prinzipien oder zu den Bedingungen selbst noch einmal kontingent ist – wenn auch weniger kontingent als die Bedingungen selbst. Die Theologie muss bereit sein, aufgrund der

2 Das kirchliche Dokument, das diesen Grundsatz praktisch durchgängig beherzigt, ist die bereits erwähnte jüngste Denkschrift der EKD mit dem Titel „Unternehmerisches Handeln in evangelischer Perspektive" (EKD, 2008).

Erkenntnisse der Ökonomik jahrhundertealte liebgewordene Überzeugungen aufzugeben, einfach weil sie ökonomischen Unsinn produzieren – das heißt den Menschen zum Schaden gereichen, denen man damit angeblich helfen will. Die historischen Beispiele sind Zinsverbot und „gerechte Preise". Aktuelle Beispiele wären die ethischen Vorbehalte gegen den Shareholder-Value (bei gleichzeitigen Entlassungen) oder gegen den Wettbewerb. Beides dient in einer richtig geordneten Marktwirtschaft der Allgemeinheit – dem Gemeinwohl – besser als jegliche Form von direkter normativer Steuerung mit Bestandsgarantien. Deren Folge wäre Stagnation.

Die Theologie – besonders in ihrem Traktat über die Schöpfung und die Anthropologie – hat auch zu überlegen, ob sie nicht aufgrund der völlig veränderten Strukturen der modernen Welt ihre Anthropologie in Richtung einer historischen Anthropologie unter Einbeziehung der soziologischen, psychologischen und ökonomischen Erkenntnisse weiterentwickeln muss. Kann man die Probleme der modernen Welt wirklich mit einer Anthropologie angehen, deren Paradigma aus der Vormoderne stammt? Was hat hier den Status unaufgebbarer Prinzipien, und was ist den kontingenten Bedingungen zuzuschlagen, die als grundsätzlich wandelbar angesetzt werden müssen? Ist nicht „der Mensch" durch ein außerordentliches Maß an Plastizität gekennzeichnet?

Die Theologie kommt nicht daran vorbei, ihre Akzeptanz in der Gesellschaft – ihre „licence to operate" – anhand des Kriteriums der Problemlösungsfähigkeit ihrer Aussagen und Vorschläge immer neu überprüfen zu lassen. Mangelnde Problemlösungsfähigkeit kann die Glaubwürdigkeit untergraben. Um ein Beispiel zu nennen: Armut durch „Teilen" und „Opfern" überwinden zu wollen, ist ein Ausdruck der Hilflosigkeit gegenüber den Problemen unserer Welt. Volkswirtschaften werden nicht durch „Teilen" und „Opfern" entwickelt, sondern durch Investitionen, und Investitionen werden nur vorgenommen, wenn sich die Investoren davon Vorteile versprechen. Die Folge: Es wird den „Armen" nur besser gehen, wenn es auch den „Reichen" besser geht, das heißt wenn sie eine marktgerechte Rendite auf ihre Investitionen erwarten können. Denn die Wirtschaft ist kein Nullsummenspiel, sondern ein Positivsummenspiel.

Schließlich hat die Theologie als Wissenschaft die Aufgabe, Theoriekonzepte zu erarbeiten, die es ihren Absolventen ermöglichen, die Menschen auf dem Weg in die offene Zukunft mitzunehmen. Dafür müssen die verbreiteten Ängste abgebaut werden, indem gezeigt wird, dass die moderne Welt die Substanz der Tradition nicht dementiert, sondern an die neue Zeit weitergibt. So ist zum Beispiel die moderne Marktwirtschaft zu begreifen als die für anonyme Großgesellschaften effizienteste Form der Caritas, die wir bisher kennen. Davon unbenommen ist, dass wir in Einzel-, Not- und Katastrophenfällen auch in modernen Großgesellschaften noch die „Caritas" im herkömmlichen Verständnis zusätzlich benötigen. Methodisch sollte sich die Theologie vor allem das verfallstheoretische Deutungsmuster verbieten, das so alt ist wie die Menschheitsgeschichte: Es hat noch nie irgendein Problem gelöst, sondern die Kassandra-Rufer immer nur zu Fußnoten der Geschichte gemacht. Gefordert ist Mut zur Zukunft – und der kann nur Bestand haben auf der Grundlage einer belastbaren theoretischen Konzeption, die kritischen Nachfragen standhält.

Kurzum: Theologie muss bereit sein, von den Wissenschaften zu lernen und sich belehren zu lassen, weil am Ende die Menschen und auch die Theologie davon profitieren werden. Dass damit kritische Fragen an die empirische Realität des Wirtschaftssystems nicht ausgeschlossen sind, braucht hier nicht weiter entfaltet zu werden.

8.2 Aufgaben der Ökonomik

Die Ökonomik arbeitet auf der Grundlage einer hochselektiven Fragestellung. Sie muss dafür ein methodisches Bewusstsein entwickeln, damit sie den genauen Sinn und die Grenzen ihrer Theorien erkennen kann. Dadurch wird sie frei, andere Fragestellungen anderer Wissenschaften zu erkennen und als legitim anzuerkennen.

So, vielleicht nur so, kann sie ihre Stärken ausspielen: die Analyse der Anreizstrukturen und die Gestaltung der institutionellen Ordnung entsprechend diesen Erkenntnissen. Allerdings braucht sie für die Gestaltung der Ordnung der Gesellschaft auch einen Input, den sie selbst kaum erstellen kann: Sie benötigt so etwas wie Wunschvorstellungen oder Utopien der Menschen, wie sie vor allem in Ganzheitswissenschaften wie der Theologie und der Philosophie, aber auch in Kunst und Literatur vermittelt werden.

Doch dieser Input ist zunächst einmal nur Rohmaterial: Er muss bearbeitet werden, um sehen zu können, was implementationsfähig ist und was nicht. Dies ist die Domäne der Ökonomik. Dafür muss sie allerdings zwei Voraussetzungen erfüllen: Sie muss ein tiefes Spielverständnis von Marktwirtschaft und ein Bewusstsein des größeren Zusammenhangs haben, in dem sie ihren Part spielt. Überdies muss sie die Fähigkeit entwickeln, einen methodisch reflektierten und tragfähigen Diskurs mit der Theologie und der Philosophie zu führen.

Hilfreich mag dabei ein Blick in die eigene Geschichte sein: Manche von den normativen Idealen oder Utopien, die anfangs als unmöglich galten, sind später nicht nur durchgesetzt, sondern ökonomisch hochproduktiv geworden. Die herausragenden Beispiele sind hier die Demokratie mit gleichem Stimmrecht und das System sozialer Sicherungen. Aktuell läuft der Prozess, Umweltschutz – trotz aller Anfangs- und Umstellungsschwierigkeiten – produktiv zu machen. Allerdings gibt es auch normative Ideale, die aufgegeben werden mussten, weil sie an ökonomischen Sachgesetzlichkeiten gescheitert sind: Gemein- oder Staatseigentum, Zinsverbot, „gerechte Preise“

und anderes mehr, auch wenn immer noch Politiker und die Öffentlichkeit, aber auch Kirchenvertreter und Theologen über die „gerechte“ Entlohnung von Managern und Mitarbeitern streiten.

Die Prüfung normativer Ideale auf ihre anreizkompatible Implementierbarkeit – die Domäne der Ökonomik – erfüllt auch für die Ethik eine wichtige Funktion. So können die Einzelnen vor moralischer Überforderung bewahrt werden, die zu einer Erosion der Moral zu führen droht: Wenn Menschen ständig normativ überfordert sind und ihnen in nicht nachvollziehbarer Weise Schuldgefühle („schwacher Wille“) eingeredet werden – was, wie in den Abschnitten 3.3 und 4.3 gezeigt, in Gefangenendilemma-Situationen völlig unangemessen ist –, dann fangen sie an, am Sinn von normativen Forderungen überhaupt zu zweifeln. Eine Theologie, die aus Gründen der Solidarität den Unternehmensmanagern Entlassungen, Standortverlagerungen und Gewinnmaximierung am liebsten moralisch verbieten möchte, hat in der Ökonomik allen Kredit verspielt – zum Schaden für die Menschen, denen mit solchen systemwidrigen Forderungen geholfen werden soll.

Literatur

Akerlof, George, 1970, The Market for „Lemons“, in: Quarterly Journal of Economics, Vol. 84, No. 3, S. 488–500

Bankenverband, 2008, Wohin steuert die Republik? – Ergebnisse repräsentativer Meinungsumfragen im Auftrag des Bundesverbandes deutscher Banken, Berlin

Barro, Robert J. / **McCleary**, Rachel M., 2003, Religion and Economic Growth, NBER Working Paper, No. 9682, Cambridge (Mass.)

Becker, Gary S., 1982, Der ökonomische Ansatz zur Erklärung menschlichen Verhaltens, Tübingen

Becker, Gary S., 1996, Familie, Gesellschaft und Politik – die ökonomische Perspektive, Tübingen

Blume, Michael / **Ramsel**, Carsten / **Graupner**, Sven, 2006, Religiosität als demografischer Faktor, in: Journal of Religion, Vol. 11, No. 1, S. 1–24

Breyer, Friedrich / **Kolmar**, Martin, 2005, Grundlagen der Wirtschaftspolitik, Tübingen

Britton, Andrew / **Sedgwick**, Peter, 2008, Ökonomische Theorie und christlicher Glaube, Berlin

Coase, Ronald H., 1988 [1960], The Problem of Social Cost, in: Coase, Ronald H., The Firm, the Market and the Law, Chicago/London, S. 95–156

DBK – Deutsche Bischofskonferenz, Sachverständigengruppe „Wirtschaft und Ethik“, 2008, Verlagerung von Arbeitsplätzen – Entwicklungschancen und Menschenwürde, Bonn

EKD – Evangelische Kirche in Deutschland, 2008, Unternehmerisches Handeln in evangelischer Perspektive: Eine Denkschrift, Gütersloh

Enste, Dominik H. / **Haferkamp**, Alexandra / **Fetchenhauer**, Detlef, 2009, Unterschiede im Denken zwischen Ökonomen und Laien – Erklärungsansätze zur Verbesserung der wirtschaftspolitischen Beratung, in: Perspektiven der Wirtschaftspolitik, 10. Jg., Nr. 1, S. 60–78

EU-SILC, 2008, Community Statistics on Income and Living Conditions, Eurostat, Brüssel

Fehr, Ernst / **Gächter**, Simon, 2000, Cooperation and Punishment in Public Goods Experiments, in: American Economic Review, Vol. 90, No. 4, S. 980–994

Fudenberg, Drew / **Tirole**, Jean, 1991, Game Theory, Cambridge (Mass.)

Hardin, Garett, 1968, The Tragedy of the Commons: The population problem has no technical solution; it requires a fundamental extension in morality, in: Science, Vol. 162, S. 1243–1248

Hobbes, Thomas, 1984 [1651], Leviathan oder Stoff, Form und Gewalt eines kirchlichen und bürgerlichen Staates, Frankfurt am Main

Holler, Manfred / **Illing**, Gerhard, 2005, Einführung in die Spieltheorie, Berlin

Homann, Karl, 2007, Ethik in der Marktwirtschaft, Roman Herzog Institut (Hrsg.), Position Nr. 5, Köln/München

Homann, Karl / **Suchanek**, Andreas, 2005, Ökonomik: Eine Einführung, Tübingen

Hume, David, 1978 [1739/1740], Ein Traktat über die menschliche Natur, Band 2, Hamburg

IMF – International Monetary Fund, 2008, World Economic Outlook 2008: Financial Stress, Downturns, and Recoveries, Washington D. C.

Inglehart, Ronald / **Norris**, Pippa, 2004, Sacred and Secular Religion and Politics Worldwide, New York

IW Köln – Institut der deutschen Wirtschaft Köln, 2008, Soziale Marktwirtschaft: Die verkannte Erfolgsstory, in: iwd – Informationsdienst des Instituts der deutschen Wirtschaft Köln, 34. Jg., Nr. 25, S. 4–5

Johannes Paul II., 1987, Enzyklika „Sollicitudo rei socialis“, Verlautbarungen des Apostolischen Stuhls 82, Rom

Kagel, John / **Roth**, Alvin, 1995, The Handbook of Experimental Economics, Princeton

Marx, Reinhard, 2008, Das Kapital: Ein Plädoyer für den Menschen, München

Pigou, Arthur Cecil, 1912, Wealth and Welfare, London

Pindyck, Robert / **Rubinfeld**, Daniel, 2005, Mikroökonomie, München

Ratzinger, Joseph Kardinal, 1986, Marktwirtschaft und Ethik, in: Roos, Lothar (Hrsg.), Stimmen der Kirche zur Wirtschaft, Köln, S. 50–58

Ratzinger, Josef Kardinal / **Benedikt XVI.**, 2007, Jesus von Nazareth, 1. Teil: Von der Taufe im Jordan bis zur Verklärung, Freiburg u. a. O.

Roe, Dilys, 2008, Trading Nature: A report, with case studies, on the contribution of wildlife trade management to sustainable livelihoods and the Millennium Development Goals, URL: http://www.traffic.org/general-reports/traffic_pub_gen19.pdf [Stand: 2008-12-04]

Schoefer, Martin, 2005, Ökonomik – Experimentelle Wirtschaftsforschung – Wirtschaftsethik, Münster

Schumpeter, Joseph A., 1972 [1942], Kapitalismus, Sozialismus und Demokratie, München

Schweizer, Urs, 1999, Vertragstheorie, Tübingen

Smith, Adam, 1977 [1759], Theorie der ethischen Gefühle, Hamburg

Smith, Adam, 2005 [1776], Untersuchung über Wesen und Ursachen des Reichtums der Völker, Tübingen

Ulrich, Peter, 1996, Unternehmensethik und „Gewinnprinzip“: Versuch der Klärung eines unerledigten wirtschaftsethischen Grundproblems, in: Nutzinger, Hans G. (Hrsg.), Wirtschaftsethische Perspektiven III: Unternehmensethik, Verteilungsprobleme, methodische Ansätze, Schriften des Vereins für Socialpolitik, N. F. Band 228/III, Berlin, S. 137–171

Ulrich, Peter, 1997, Integrative Wirtschaftsethik: Grundlagen einer lebensdienlichen Ökonomie, Bern u. a. O.

Varian, Hal, 1995, Grundzüge der Mikroökonomik, München

Wagner-Tsukamoto, Sigmund, 2009, Is God an Economist? An Institutional Economic Reconstruction of the Old Testament, Basingstoke (UK)/New York

Weber, Max, 1934 [1904/05], Die protestantische Ethik und der Geist des Kapitalismus, Tübingen

Wieland, Josef, 1999, Die Ethik der Governance, Marburg

Williamson, Oliver E., 1990, Die ökonomischen Institutionen des Kapitalismus: Unternehmen, Märkte, Kooperationen, Tübingen

World Values Survey, 1990–2005, Overview of the four waves of the World Values Survey, URL: http://www.worldvaluessurvey.org [Stand: 2009-03-12]

Zintl, Reinhard, 1989, Der Homo Oeconomicus: Ausnahmeerscheinung in jeder Situation oder Jedermann in Ausnahmesituationen?, in: Analyse & Kritik, 11. Jg., S. 52–69

Die Autoren

Prof. Dr. Dr. **Karl Homann**, geboren 1943 in Everswinkel; 1963–1972 Studium der Philosophie, Germanistik und Katholischen Theologie an der Universität Münster, 1972 Promotion zum Dr. phil.; 1971–1979 Studium der Volkswirtschaftslehre an der Universität Münster, 1979 Promotion zum Dr. rer. pol.; 1985 Habilitation für Philosophie an der Universität Göttingen; 1986–1990 Professor für Volkswirtschaftslehre und Philosophie an der privaten Universität Witten/Herdecke; 1990–1999 Professor für Wirtschafts- und Unternehmensethik an der Wirtschaftswissenschaftlichen Fakultät Ingolstadt der Katholischen Universität Eichstätt, erster Inhaber eines Lehrstuhls dieser Art in der Bundesrepublik Deutschland; 1999–2008 Professor für Philosophie unter besonderer Berücksichtigung der philosophischen und ethischen Grundlagen der Ökonomie (Wirtschaftsethik) an der Ludwig-Maximilians-Universität München; seither im Ruhestand.

Dr. rer. pol. **Dominik H. Enste**, geboren 1967 in Arnsberg; Ausbildung zum Bankkaufmann; Studium der Wirtschafts- und Sozialwissenschaften in Köln, Dublin und Fairfax (Virginia); wissenschaftlicher Mitarbeiter am Wirtschaftspolitischen Seminar der Universität zu Köln; Vorstandsassistent im Gerling-Konzern (2001–2003); seit 2003 Referent und Projektleiter im Institut der deutschen Wirtschaft Köln, Forschungsfelder „Rechts- und Institutionenökonomik/Wirtschaftsethik" und „Zukunft der Arbeit"; seit 2007 Lehrbeauftragter für Makroökonomik an der Universität zu Köln und seit 2008 Lehrbeauftragter für Unternehmensethik an der Fachhochschule Köln.

Dr. rer. pol. **Oliver Koppel**, geboren 1975 in Arnsberg; Studium der Volkswirtschaftslehre an der Universität Bonn und Promotion an der Universität zu Köln; seit 2005 im Institut der deutschen Wirtschaft Köln, Referent für Innovationsökonomie innerhalb des Wissenschaftsbereichs Bildungspolitik und Arbeitsmarktpolitik.